静岡女性のための風水

高木桂蔵

静岡女性は美しい

02

美人が多い静岡の女性

静岡県は、古来温暖な地域として有名です。それに太陽のサンサンと照る地域です。「年間晴天日数」は二三三日。これは土佐高知の二三四日に次いで、全国最高位なのです。

それは女性が明るく、快活、素直になることを示しています。また日本唯一の「雪の積もらない平野」地帯を持っています。「ものなり」はよく、米はおいしく、魚は新鮮、水もまた「名水」だらけです。こういう地域は「美人が生まれる」所と言われています。中国語で「魚米の郷」と言いますが、おっとりと争いを好まない「人に癒やしを与える」人間が育ちます。

この「癒やし」心を与えることこそ、静岡女性の特色です。それに東海地域でもっとも美人が多いのも特色のひとつでしょう。

何よりも親切で気配りがあります。東京で交差点を渡るとき、相手の女性とぶつかると、「ジロリ」とにらみつけられますが、静岡県では、「ごめんなさい」とニコリと笑いつつあいさつが返ってきます。

それでいて、「激しい情熱」を持っているのも静岡の女性です。「万葉集」に多くの静岡女性の和歌が紹介されています。

わが背子《せこ》は　物な思ひそ　事しあらば
火にも水にも　わがなけなくに　（万葉集・巻四・五〇六）

「ことがあらば、あなたのために火のなか水のなかでも飛び込む私がいるではありませんか」という和歌が載っています。こういう歌を残しているのは、静岡の女性だけです。優しい気配りを持ちつつ、心の中に熱いものを秘めている…それが特色と言えましょう。

中国では、「男子の本望」というものがあります。もっとも憧れる生活です。「イギリス風の家に住み、中華料理を食べ、フランス人をメードに雇い、日本人を妻にする」というものですが、この「ジャパニーズワイフ」の意味は優しくて、気配りがあり、家族のために朝食を作り（中国では、朝飯は買い食いをする）、亭主を人前でののしらない…ということです。これはそっくり代表的「静岡の女性」です。

そして「相手の喜びを自分の喜びとする」のも特色のひとつでしょう。それだけ気持ちが優しく、余裕があるということです。相手の嫌がることをことさら強調したり、肉体的欠陥を指摘したりすることは静岡の女性には少ないと思います。

女性こそ風水開運者

風水は、何のためにあるか？　それは「人が生きにくいこの世の中を幸せに生きるため」にあるのです。それはまた「経験則」でもあり、決して宗教・占い・マジナイのたぐいではないのです。要は「幸せにならなければ」風水ではないのです。

そして、世の中でもっとも「風水的な存在」は人間なのです。そのうち、女性がもっとも風水で運が開ける存在なのです。女性は何よりも「いのちを産み」ます。これは男性にはできないことです。いのちを産み、育てていくことほど大切なことはありません。そして女性は産んだ子供を生涯見守り、気にかけていく存在でもあるのです（生むは単に新しいものを作ること、産むは新しいもののいのちを造りまとめ、生かすこと）。

「子供が幸せになってほしい」と思う気持ちは、女性なら誰にでもあり、その「幸せを願う心」こそが風水に興味を持つ気持ちなのだと思います。

さまざまな占い・宗教・マジナイなどに心ひかれるのが、女性に多いというのも、これで理解できます。

この産んだ子供の幸せを願う気持ちこそ、女性の素晴らしさであり、もっとも貴い気持ちだと言えましょう。

「いのちを産む」姿は、洋の東西を問わず尊敬され、イエスキリストを産むマリアや、ギリシャ神話のアポロ、万物のいのちの根源である「天照大神」（あまてらすおおみかみ）を最高神とする「日本教」がそれでしょう。

太陽の「いのち」を神とあがめることは、「いのちの根源」に思いをいたすわけで、いのちは永遠に続いていくという考えが、いのちを守る思想につながるのです。そして「産んだいのち」の幸せを祈り、自分のいのちに代えても子供を守ろうとする考えが出てくるわけです。それは、まさに風水の極意とも言えます。「子供を守る優しさ」こそは、風水の究極につながるからです。

この本を手にとった皆さんは、みな「周りの幸せ」を願っているはずです。実は、周りを幸せにするには、まず自分がハッピーにならねばなりません。自分がおいしい料理を作れてこそ、おいしい料理を皆さんに食べていただけるのと同じことです。

だからまず「自分自身」が幸せになることが大事で、そのことを分かりやすく書いたのが、この本なのです。だから、この本を手にしたあなたは、もうそれだけで「幸せへの道」を歩んでいることになるのです。

女性はなぜ風水が好きか？

女性が風水や占いが好きなのには、十分に理由があるのです。それは、何よりも「自分と周りへの気配り」があるからです。これを守るため、必死になるものです。それは理性や知識ではなく、「感性・本能」なのです。言葉を換えて言うと「母性本能」だということになりましょう。

それが女性の素晴らしいところなのだと風水では考えます。「どうしたら自分や周り、さらには子供がよくなるか」を考え続けているのが、女性なのです。そして、その「母性本能」は感覚的なものを重視します。感覚でとらえることができるのは「思想的真実」で、「科学的事実」ではないのです。

簡単に説明しましょう。世の中には次の三つがあります。

科学的「事実」…世の中は人間の行為で動くとするもの

思想的「真実」…神と人の考えで動くとするもの
宗教的「真理」…神の意思で動くとするもの

この事実・真実・真理は違うものなのですが、混同されています。「神（仏）の意思」により世の中が動くと考えるのは宗教です。宗教的真理は人間の行為を超え、奇蹟を含みます。心が弱っているとき、宗教にすがりつくことがあるのは、「人間を超えた何か」にすがろうとするからです。それを記録したのが「神話」です。ギリシャ神話や「古事記」の上巻、「旧約聖書」がこれです。

「思想的真実」とは、事実や結果よりも「そう思うこと」です。例えば、ハンサムには「身長何センチ以上」という科学的基準はありません。「ハンサム！」と思ったら、ハンサムなのです。初対面でビビビーッとくる「心境」のことです。これは風水の境地にもあたります。それはまた「叙事詩」と言われています。「神話」と「歴史」の中間になります。ホメロスの「トロイ戦記」がそれで、「古事記」の中巻や「新約聖書」がここにきます。

「科学的事実」とは、一プラス一は二というように誰がやっても同じ結果が出て、願望や祈りで換えられないものです。これを「歴史」と言い、神の意思は排除されます。ギリシャのヘロドトスが書いた「歴史」や、「古事記」の下巻、司馬遷の「史記」がこれです。「聖書」でこれに相当する部分はありません。あくまでも世の中は科学的事実と人間の行為により動くとするだけです。

納得いくのが風水です。

風水はこの「思想的真実」であると理解しておいてください。科学的に証明されなくても、「聖書」に該当する文句がなくとも、「この人が好き！」と思ったら好きになるあれです。好きになった理屈は後でついてくるものです。

だから「風水は科学でもなく、宗教でもない」のです。宗教は人知を超えた「何か偉大な力の働き」を信じるものですが、これとも違います。

「奇蹟」や「偉大なる力」の範囲ではありません。だから「神がかり的」なことや「偶然」を利用する「占い」的なものは風水ではありません。

何度も言いますが、風水は「経験則（過去の経験の積み重ねたもの）」ですから、それなりに納得いくものです。普通の言葉で言うと「知恵」です。「風水は知恵でもある」と言えるのです。だからきちんと風水を学べば、生きるための正しい知恵が身につきます。

「思い立ったら吉日」と言いますが、風水に興味を持ったそのことが、大きな成果なのです。だから本書を読もうとする皆さんは大いに自信を持っていただきたいのです。

静岡女性のための風水　もくじ

FAMILY　73

LIFE　91

COLOR

風水と色

風水では、色を大切にします。これはカラーコーディネートという言葉で表すものと一部共通点があります。まずそれを受け入れる「心」「心境」が大切なのです。月をみるのも、花をみるのも、「心」でみているわけで、単に目をやっているわけではありません。単に「見る」ことは、英語のシー・SEEといい、「見」と書きます。それに対して「心を持ってみる」のはルック・LOOKといい、「観」という字を当てます。きれいでも、単にきれいはビューティフルなのに対して、心にグーとくればナイスルックであることは、周知のとおりです。世話をするのに心をこめてやるのがルックアフターというのもご存知でしょう。

この「観」・ルックの見方が、風水なのです。心を持って万物を見るわけで、そのうちのひとつが「万物の色彩」です。明るい色は張り切る気持ちにさせ、暗い色は落ち着きと沈着な気分にさせます。

これを「陽」と「陰」と言います。陰陽の混じり具合が、その場の雰囲気を決するというわけで、その法則を知ってうまく生かせば、人は幸せになれるとするのです。その場合も「観」でいく必要があります。すなわち主観が大切なのです。

陰陽五行説という言葉がありますが、この陰陽に万物の構成元素である木・火・土・金・水（もっかどごんすい）を加えた考えです。この五行には色があり、木は青、火は赤、土は黄、金は白、水は黒で表すのです。昔は緑を青と言っていた時代があり、緑信号を青信号と言うのはその名残ですが、風水でも同様に緑を青とします。

仏教寺院の旗「仏旗」や「五色の糸」、また韓国のチマ・チョゴリなどの民族服も、みなこの「五行の色」なのです。五行の調和がとれていることは、天地の運行の安定を示し、豊作をもたらしますから、「ハッピー」になるとするのです。

だから、「色合いの調和」が、風水でも大切なわけです。カラーコーディネートも「調和」を重視します。これにあわせた服装や色合いを考えた服装をすればいいわけで、これはわれわれにも容易に理解できましょう。

「陰」すなわち、影・月・女性・マイナス記号に対して、「陽」すなわち、表・日・男性・プラス記号が両立し、調和することが大事なのです。だから「明るいばかりの家」「暗いばかりの家」はよくないわけで、その「釣り合い」が必要ということになります。

風水は幸運を呼び込むサイン

人間が生きていく上で大切なことは、「いのちをあふれさせる」ことだと風水は考えています。その「あふれ出たいのち」が周りを幸せにする…こうも考えます。そうすれば、どれほど周りが癒やされるかと思えるのです。母親の子供に対する慈しみがこれをよく表しています。幸福とは、誰かから「もらうもの」ではなく、周りにあふれさせるものではないでしょうか。

具体的に説明しましょう。エビス・ダイコクの福の神を見てください。鯛を手に持ち、烏帽子《えぼし》をかぶったエビスさま、大きな袋を肩にかけ、俵の上に乗ったダイコクさまは「打ち出の小槌」を持っておられます。

お二人ともニコニコしておられます。静岡県内でも、お二人をお祭りする神社・仏閣は少なくありません。

それなら、なぜ「福の神」なのかということです。実は、お二人から「福をもらう」のではなく、「自分が福の神になりなさい」と教えておられるのです。

日本では、神様は「説教しない」のです。黙って後ろ姿を見せておられるだけです。それを、こちらがくみ取るのが日本人の思想なのです。「ああしろ・こうしろ」と他国の神様のように啓示はなさらないのです。


福の神は、ニコニコして、ふっくらしておられます。笑顔は何にもまして、周りを明るくします。「明るい笑顔！」、これが「周りに福を与える」ことなのです。笑顔こそは「あふれるいのち」の象徴で、周りを「癒やす」働きもしています。

色から見るとエビスの「赤い鯛」は日を表し、ダイコクの黒は水を表します。陽と陰をも示しておられるのです。いいことも悪いことも必要とします。

何かあっても明るくとらえる。前向きに考える…これが幸福になる「極意」です。


例えば、歩いていて転び、腕の骨を折ったとします。「ああひどい目にあった」と考えるか、「これぐらいで済んでよかった」と考えるか？　コップに半分水が入っていたとして、「もう半分しかない」と思うか、「まだ半分もある」と思うか？

そうしたとき、明るく肯定的に考えなさいと風水では考えるのです。相手や周りのせいにして、「ののしっている」ばかりでは、決して幸福になれないとするのです。

エビス・ダイコクさまは、こうしたときのことを教えておられるのです。そして、自分が「福の神になりなさい」とも教えておられます。福は「もらうもの・さずかるもの」ではなく、「こちらから与えるもの」だからです。

その具体的な方法は簡単。次の言葉を心がければいいのです。

ありがとう！
うれしい！
たのしい！

たったこれだけです。これは「**幸福になる魔法のことば**」です。何だ簡単ではないか！と思われるでしょうが、真実というものは、知ってしまえばシンプルなものです。「幸福とは幸福と思う」心持ち、心境のことです。心が幸せと思えば、幸せなのです。イヌイット（エスキモー）の人々は「獲物が捕れる」ことで、「自分は世界でもっとも幸せだ」と思っていると聞いたことがあります。そのとおりでしょう。

物質的に満たされることが「幸福」とするなら、地球を一人で全部所有するまで、「不満」が残るものです。

終戦直後、日本人は「おなかいっぱい白いご飯を食べる」ことが最高の幸せだと思っていました。そしてこざっぱりとした服装をしていれば満足だったのです。


ところがいま、飽食の時代になり、白いご飯を流しに捨てている時代ですが、「幸福感」は、あのころより減少したように思えるのです。

こう考えると「幸福」の本質がお分かりでしょう。「幸せは自分自身のなかにある」ということです。これを気付かせるのが宗教であり、風水・「本当のウラナイ」なのです。

ひとつ「心棒」というか、考え方を持てばいいのです。だからよく見てください。「辛・つらい」という字に横に一本「心棒」を入れると「幸・しあわせ」という字になるではありませんか。これは偶然でしょうか。風水が、昔の人から伝えられた「経験則」だというのがこれでお分かりでしょう。


「幸せだな」と思う心持ちがなくては幸せになれないのです。だから、明るく・前向きな気持ちになり、「ありがとう・うれしい・たのしい」とまず言ってみましょう。そうするとたのしくなるものなのです。明るく、あふれるいのち（明るい放射能）を出していれば、周りも明るくなり、自分もまた明るくたのしい気持ちになることうけ合いです。

陰陽ということ

風水は「陰陽五行」ということを言います。陰陽はプラスとマイナスのことと思ってください。月に満ち欠けがあるように満月と新月がある…すべてのものは、「陰と陽」があって「ひとつのセット」になっているとするのです。

ちょうど一本の木があり、幹や枝・葉があるのと同じように、地面の下の「根っこ」も含めて考える必要があるのです。それも大切な要素だからです。

天気も晴ればかりでなく、雨や雪もあるのと同様です。だから人生「いいとき」ばかりか、「不運なとき」もあると考えておけばいいのです。

昇った太陽は、やがて沈みます。昼があり、夜があります。これで「いちにち」なのです。

この展開を理解し、自分の人生を肯定的にとらえようとするのが風水です。

ですから、いま「どん底」なら、あとは「上がる」だけと考えます。上がったものは、また下がるし、下がれば、また上がる…こういう展開を自明のこととするのです。

しかし、人はこの展開を延ばしたり、上向きにすることができます。本人の努力が加わるからです。

風水の教え

一命・二運・三風水・四積陰徳・五読書・六手紙

というのがあります。初めて聞かれる人もいると思いますが、これを知っている「風水者」は「相当できる人」です。

命とは、その人の生まれついた環境・天命ということです。運とは、そのとおり運です。平成のこの時代に生きて、静岡県にいる…というのが「運」です。風水とは人として生き抜く知恵と経験ということでしょう。積陰徳とは、人のために尽力している、人望があるということです。どんなに優秀な才能があっても、支援者や理解者がいなければ、伸びていけないのは言うまでもありません。読書は説明いらないでしょう。よく本を読めということです。手紙は筆まめであれということです。インターネットや携帯電話の時代だからこそ、手紙を書くことが大切なのは言うまでもありません。

自分のハッピーカラーを持とう

人には、それぞれ幸運を招くハッピーカラーがあります。それを図で示すと、下のようになります。

これは風水ばかりか、いろいろな占いでも言われています。ただ説く人により色は違います。どれがいいのか。一概には言えません。それぞれの好みを優先します。

風水では、古代からこう言い伝えられてきましたが、簡単に言えば「自分の好きな色を自分で決めて持つ」のがいいのです。

自分の主人は自分だからです。

例えば、「私は六月生まれ、六月はあじ

さいがきれい、だからあじさいのような紫色を自分のハッピーカラーにしたい」というふうに決めれば、それでいいのです。好きな色を定めましょう。

さらに地域で「好きな色」もあります。静岡県の人はミカンの白い甘い香りの花が好きです。そうすると白い色とかオレンジ色がいいイメージですから、それにすればいいのです。「この色は自分に元気を与えてくれる」。「あの色は懐かしい思い出につながる」。そういうふうに自分で結びつければ「ハッピーカラー」なのです。

五行の意味

風水では、「五行《ごぎょう》」ということを言います。五つの元素ということです。古代、宇宙は木・火・土・金・水でできていると考えていました。現在では、酸素・水素・窒素などなど多くの元素を使いますが、昔はそう考えたのです。

木は燃えると火になる→火は燃え尽きて灰（土）になる→土の中から金属が出てくる→金属は冷えると水を生む→水は吸われて木になる→木は火となる…というふうに万物は循環（相生みあい）すると考えたのです（**第1図**「五行の循環」）。この法則を利用すれば「幸せ」になれるとするのです。

第1図　五行の循環

もうひとつ、この五行は「勝ち負け」があると考えます。**第2図**「五行の相克」を見てください。

水は火を消す↓火は金属を溶かす↓金属は樹木を切る↓木は土を押さえつけて立っている↓土は水に勝つ（コップや堤防）↓水は火に勝つ…、というふうに、それぞれが相勝つとするのです。絶対的にひとつのものだけが強いとはしないのです。

「絶対者」を考える西洋思想とここが違うのです。万物はみな相関関係にあるとする東洋思想の代表です。これを「五行の相克」と言います。古くは克は剋とも書きました。克は「かつ」という意味です。

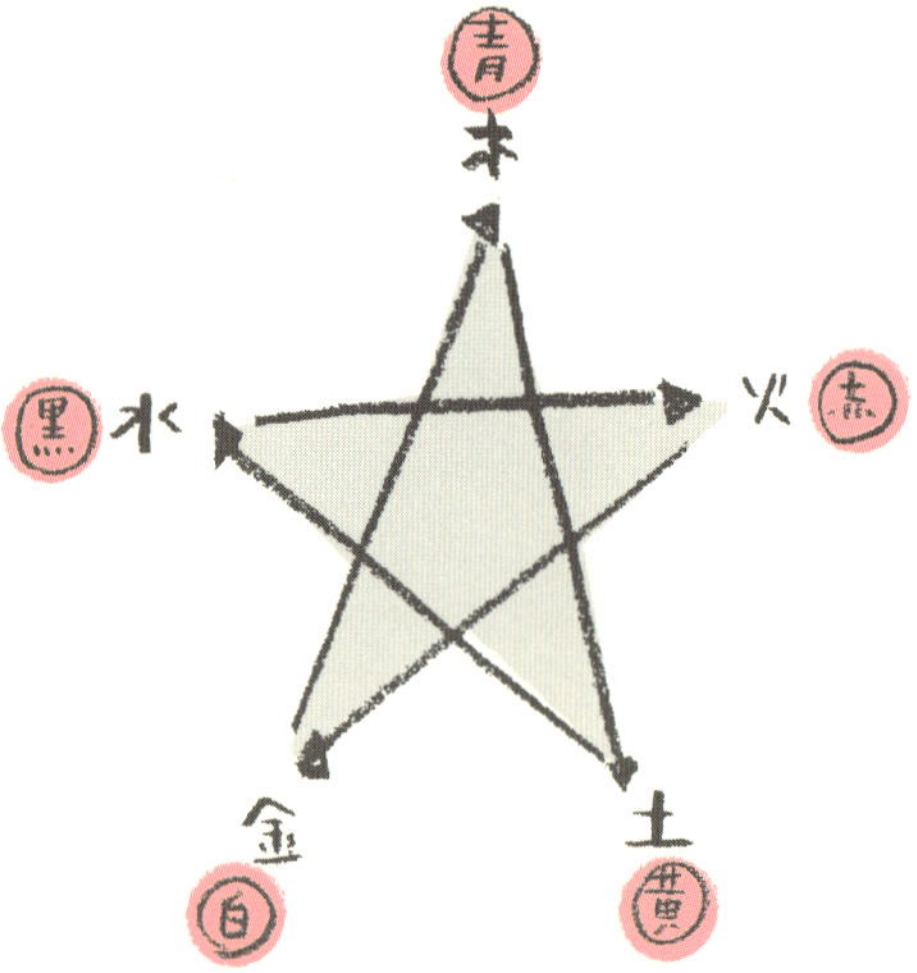

第2図　五行の相克

そして、この木・火・土・金・水に色をつけました。方位もあてます（**第3図**「方位の色」）。

これが、五色《ごしき》と言われていることは、皆さんご存知のとおりです。「ゴシキの短冊わたしが書いた…」というあれです。「五色・ごしき」は宇宙全体の色でもあるのです。「宇宙の真実」でもあると考えますから、当然「風水」に取り入れられ、方位や日の吉凶・運命判断に使われました。

よく「今日は赤い花を西側の窓に飾りましょう」とか「北側の壁に黄色いカーテンをかけましょう」と言っているのが、これなのです。その「風水中もっとも面白いところ」をこれからお教えしましょう。

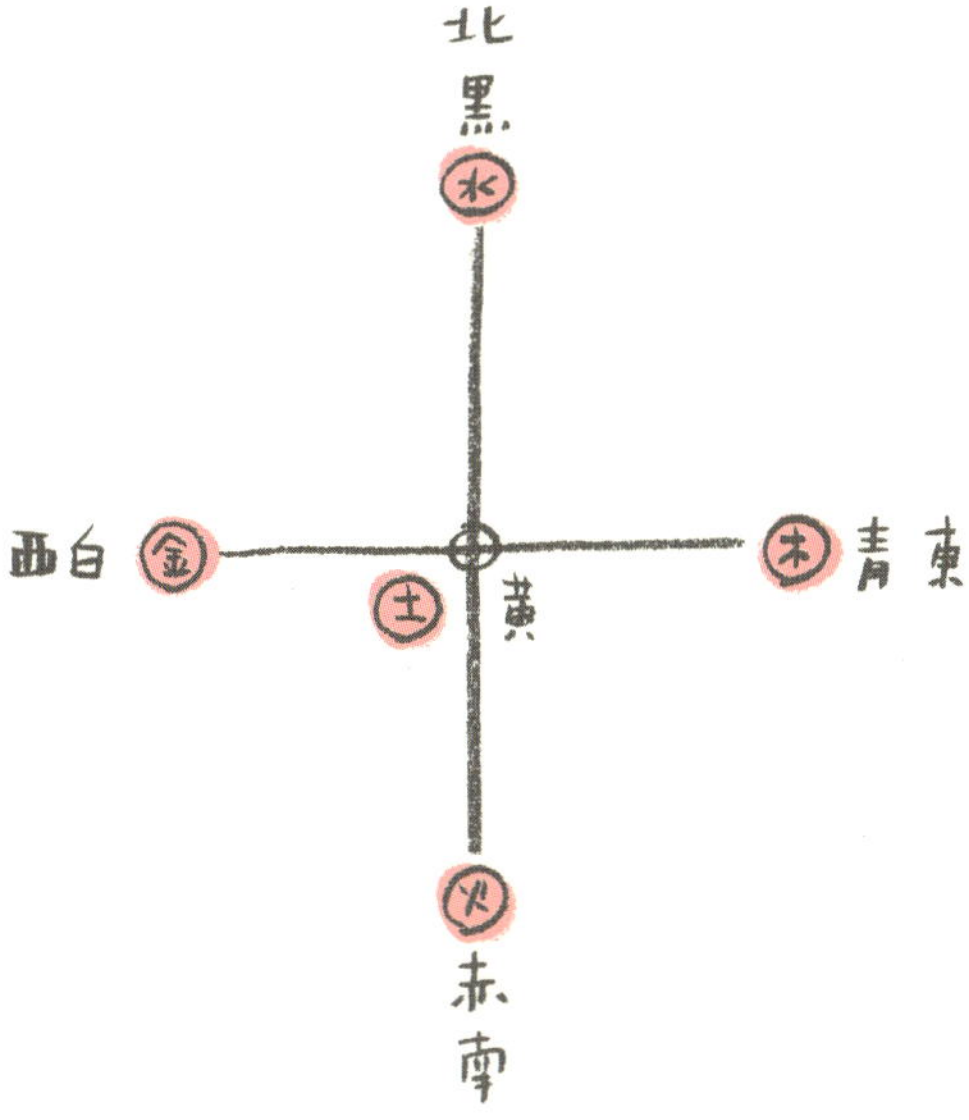

第3図　方位の色

曜日・方位の風水

例えば、今日が火曜日とします。すると火に勝つには**第2図**の「五行の相克」により水です。水の方位は北だから、今日は北が開運の方位だし、南（火）の方向には火を生む木の気の青いものを置けばいいのです（**第1図**「五行の循環」）。

もうひとつ、木曜日なら「木に勝つのは金」です。金の方位は西で色は白。だから白いブラウスを着て、木の方位の東側に白いレースのカーテンをつければ、金（白色）は木に勝つから「大吉」になるというわけです。

日曜日・月曜日はどうするか。日は太陽ですから、火の気と同じとし、月は陰だから水の気として、水曜と同じにするのです。**第4図**がこれです。

月曜日の風水を考えてみましょう。月は水と考えますから、水の気を考えます。「水は火に勝つが、土には負ける」。そうすると火の方向の南はいいですが、土は悪いとなります。しかし、土は方位では中央・中立となり、善悪は免除されます。したがって、南が開運の方位、悪い方位はないと考えればいいのです。

いわゆる風水師やウラナイ師、あるいは雑誌などに書いてあるのは、この原理なのです。

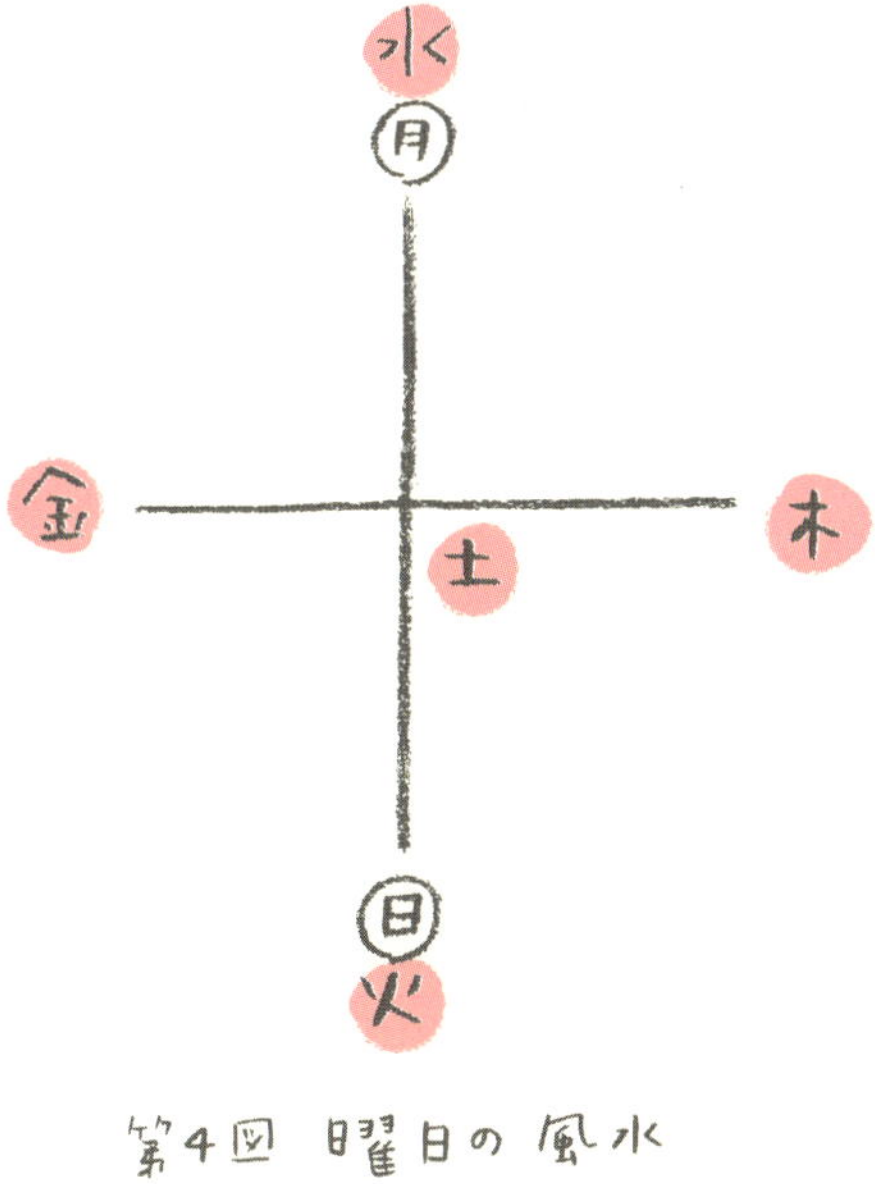

第4図　曜日の風水

都市計画の風水

また、風水のひとつである「都市計画」にもこの法則が導入されています。これがそろっているところを「**四神相応の地**」と言います。**（第5図）**

東＝青竜
南＝朱雀
西＝白虎
北＝玄武（カメとヘビの合体）

で、中央が帝王の宮殿で土地を象徴する「黄色」となるのです。

古来東洋の都市は、この法則でつくられています。京都はその代表です。江戸もそうなっていま

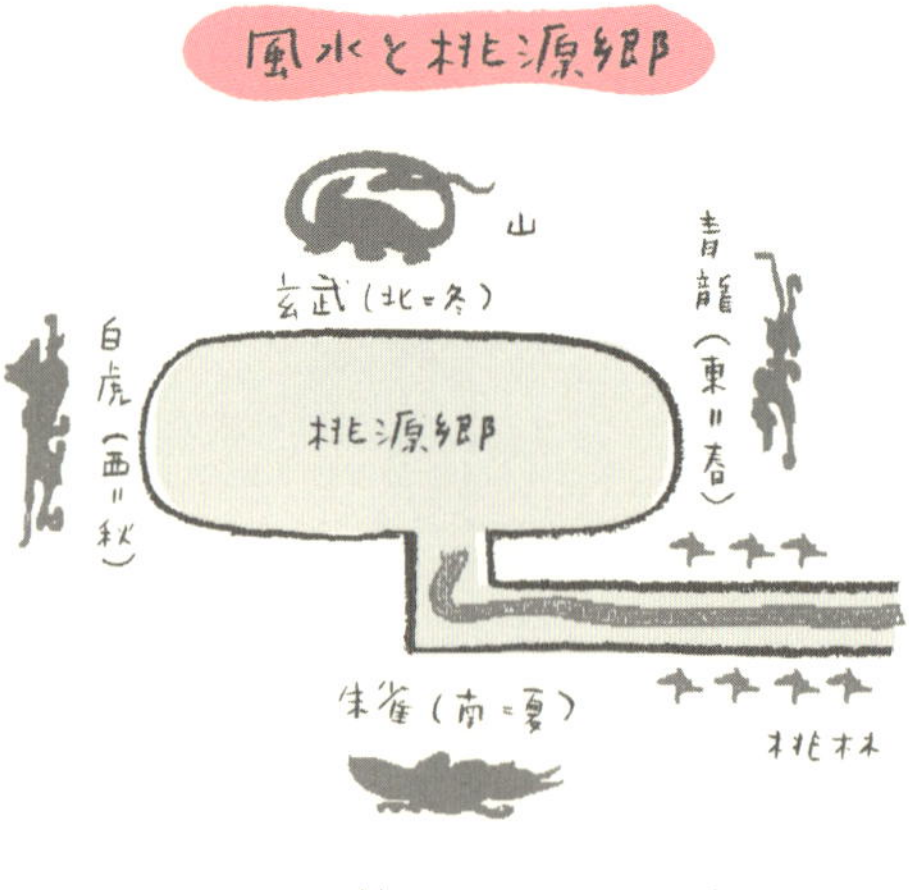

第5図

すし、奈良も同様です。日本中で一番風水が完備した都市は駿府なのです。その理由は、駿府は北に竜爪山があり、水のもととなっています（玄武）。そして東が開け（青竜）、西へ東海道が通じ（白虎）、南に駿河湾があり日あたりがよく（朱雀）、鬼門除けとして北東側に日本一の霊峰・富士山があるからです。そのほか沼津・三島・富士・韮山・藤枝・掛川・相良・大須賀・磐田・浜松なども、「四神相応の地」の地形配置になっています。

「風水の色彩」は国技である「相撲」の土俵にもあります。

土俵の上にある屋根の四隅に「房」が垂れています。青房・赤房・白房・黒房です。それぞれ東・南・西・北の柱のところ（柱がないことがありますが）から垂れている房です。そして真ん中の「土俵」が土で黄色です。まさに「風水配置」なのです。力士が太陽の昇る方向である「東かた」と反対の「西かた」に分かれるのは、ご存知のとおりです。風水という万物の運行に合わせるのです。このような「色彩による運勢転換」は、古今東西、どこにでもあるものです。

風水は、このあたりについて、すっきりした「解決方法」を持っています。

ずばり、赤でなくとも、その系統色でもいいのです。次の色彩表を意識しながら「ハッピーだ、ハッピーだ」と思えば、そうなっていくものです。

	幸運色	凶運色	無関係色
日曜日	赤・ピンク	黒・灰色	白・黄・青
月曜日	赤・黒	黄・オレンジ	青・白
火曜日	赤・白	黒・灰色・銀	黄・青・オレンジ
水曜日	黒・赤	黄・金	白・青
木曜日	青・黄	白	黒・赤
金曜日	白・青	赤・ピンク	黄・黒
土曜日	黄・黒	青	赤・白

例えば、白いブラウスに黒いスカートをはいたとします。曜日は日曜日、この日の幸運カラーは赤かピンク系統なので、ピンクのスカーフかブローチをつければいいのです。凶運色の黒いスカートがありますが、幸運色のピンクのスカーフが克服するから構いません。土曜日は土の気の日、土が勝つのは水（黒色）です。だから黒い靴を履くといいのです。ただ土を押さえるのは木の気（青）ですから、グリーン系統の服は避けたいものです。なお、土を生むのは五行の循環で火です。だから運を招く火（赤系統）のカラーのアクセサリーを身につけてもいいのです。

大事なことは、「ハッピーカラー」を意識することで、風水は「モノや建物」などでなく、「そう思うこと」を重視するのです。

「私は今日のハッピーカラーであるピンクをつけているから、ハッピーになる！」

と信じることが大事なのです。この一連の風水表は、生涯を通じて、あなたの役に立つものとなりましょう。

風水有効活用法

何度も言いますが、風水は「古代からの経験則」であり、「思想的真実」―そう思うことが大事なのです。風水は、根拠のない「先入観」を否定することを教えています。実は人の幸・不幸は先入観にかなり左右されているものなのです。

ひとつ実例を示しましょう。神社やお寺に行ってオミクジをひくとします。毎回僕は必ず「大吉」が出ます。

「いつもそんなにいいことがある秘訣があるのか」

「あるのです」

皆さんお分かりですか、いつも大吉をオミクジで出す方法を！　簡単なことなのです。

まず最初にひきます。大凶と出ました。「神様ありがとうございます。私の運勢に凶が出ると教えていただいて、でもこれは受けられません」と言って木に結びつければいいのです。

次にひきます。小吉。「まだこれではどうも足りません」。また木に結びます。そしてもう一度ひきます。「大吉！」。「あっ！　これこれ！　これにします」。すなわち大吉になりました。お分かりですか。大吉が出るまでひけば大吉になるのです。

たったこれだけのことです。何も難しいことはありません。私たちは、「オミクジは一度しかひいてはならない」と思い込んでいないでしょうか。

そういう固定観念を捨てなさい！と風水では教えているのです。意外にこういうことは多いのではないでしょうか。

よく講演のときに話すのですが、「ポストは何で赤いのですか」と言いますと、「よく見えるため」とか、「青いと危ないから」とか、いろいろな答えが出されます。皆さんはどう思われますか？

正しい答えは「ポストはペンキで赤く塗ってあります」なのです。これも当たり前のことでしょう。当たり前のものを当たり前にみる―それだけのことなのです。人間は人間以上のことはできません。過去を透視するとか、前世が見えるとか、守護霊が見えるとか―。人にはそういう能力や器官はないのです。だから「占いやマジナイのたぐいとは違う」と言うのです。

よくある例で「ここにはかつて死んだ人の骨がある。それがたたるのだ」という「拝み屋」がいますが、こういうのにひっかからないようにすることこそが風水の目的のひとつなのです。「人は人以上のことはできない」。そう思っていればインチキにひっかかりません。「風水有効活用法」とは簡単に言えばそういうことなのです。

BEAUTY

こうすれば美人になれる

美人になることは簡単です。風水では「心境」、心の持ち方を特に重視します。何事も「心が認識する」ことが基礎にあるからです。「美しい」ということは「そう思う」からで、思う心がまずあるわけです。「イヤなヤツ」のことはたとえ他人がいいと言っても「よくないと思える」のがそれです。

だから、「美しい」と素直に物事をみる（観る）気持ちが大切なのです。「ああきれい！」というのは、目でなく、心が言うのです。

実例を示しましょう。キムタクがいます。彼は「カッコいい男性」ですが、もしスズメのそばに近づいていったらスズメがカッコいいと言うでしょうか。飛び立って逃げるでしょう。ガマガエルは醜い姿ですが、子供のガマにとっては大好きな「母親」なのです。同じものでも「みるもの」の心境が違うと反応は違うのです。

このことを頭に入れて考えてください。すらりとした女性がカッコいいというのは、その時代と個人の「主観」なのです。奈良時代や中国の唐代、美人といえば「ふくよかな女性」を指していました。
江戸時代は、中期になると「柳腰」のやせた女性が美人でした。東京オリンピックのころは、ツイッギーという「激やせ」が美人でした。すなわち「美人」は変わるものなのです。

個人差もあります。僕は自分がふっくらしていますが、「ふっくらした女性」が好きです。ある人はスマートな人が、ある人は背の高い人が、ある人は低い人が好きなのです。だから、「これが絶対美人」という基準はないのです。
ただ、共通して次のような人が好感を持たれます。

明るい笑顔
清潔感がある
あいさつがいい
服装がきちんとしている
他人を批判しない（悪口を言わない）
目に力がある
会話がたのしい

決して「顔かたち」がいいことではないのです。何よりも明るい笑顔で周りに接している女性は、年齢に関係なく「いい女」ですよね。皆さんもこの七か条を胸に入れておきましょう。美人とは、そういうものなのです。だから簡単に美人になれるのです。

風水秘伝「鏡の法則」

風水には、いくつかの「秘伝」があります。これは文章にしたり、活字にしたり、むやみやたらに人に口外したりするのではなく、「黙っている」ものなのです。よく剣術の秘伝に「口伝による」として、文字や文章にしないで、直接伝えることがありますが、これと同じです。「秘伝」とは、分かってしまうと「何だこんなことか！」ということが多いのです。

さて、その「風水秘伝」、ハッピーになる秘密ですが、それは「**鏡の法則**」と言われているものです。

「相手を批判し罵倒すれば、自分もそうされる。相手を褒めれば、自分も褒められる」というものです。だから、いい人生を送ろうと思えば、周りに感謝し、他人を褒め、感謝することです。

例えば食事をするとき、「この料理はおいしいね！」と言えば、作った人も喜んで、またおいしい料理を作ってくれるでしょう。

「こりゃまずい！　こんなもの食わせて！」と言えば、どうでしょうか。あの東北の雄、伊達政宗は「朝晩の料理はたとえまずくとも褒めて食うべし」と言っています。

この精神が天下の英雄にさせたのです。だから、いつも不満ばかり言っている人は次第に人が寄り付かなくなるものです。人がこなければ情報やチャンスも少なくなり、次第に「消えていく人」となります。


子育ても同じです。「世の中が悪い。学校が悪い。先生が悪いのだ」と言っている人は、子供がそういう態度になり、学校や社会で孤立してしまうのです。

「子供は育てたように育つ」もので、同じ「悪い社会」でも、伸びていく子供がいるのですから、こういう言葉には根拠がありません。

それなら、どうしたらいいか？　簡単なことなのです。次の「魔法のことば」を毎日使えばいいのです。


ありがとう！

うれしい！

たのしい！

これでいいのです。自分が「明るい放射能（風水では気と言います）」を出して、まず自分から明るくなれば、周りは明るくなり、ハッピーで前向きになっていくのです。簡単でしょう。「秘伝」とはそんなものなのです。

アクセサリーと服装による開運

◇運を呼び込むネイルアート

服装やアクセサリーは、その人の気分ばかりか、周りの雰囲気を変えます。

まず「アクセサリー」のなかで最初に強調したいのはネイルアートです。これは運を招き、いい恋愛相手を招くもので、小指と人さし指だけで、いいのです。人さし指は足のほうにもします。目に入らなくとも、運気とチャンスを増すと言われています。足の指は偶然の出会いが増すとされてきましたから、そう信じてみましょう。

色は次のようになります。

赤色―強烈なので夏だけとする。ほかの季節にすると軽い女・不誠実な女と見られる。
ピンク―恋愛全体を促進させるが、即効性はない。自然な恋をつくる。
水色―春夏がいい。これ以外の季節はまともでない男性の興味をひく。
黄色―新しい恋を招く色。原色は強烈なのでいわゆるパステルイエローがいい。

紫色―グループのリーダーにみえる。男性が近寄りがたいと思うところがある。
緑色―パステルグリーンは自然に周りに男性が寄ってくる。濃い緑は変化拒否の色。
ベージュ―状況安定色。印象を地味にする。
パールホワイト―白だけではアピールが弱い。しかしパールを加えると恋愛運を強化する。
オレンジ―社交的になれる。出会いが欲しい人におすすめ。パステルトーンなら最高色。
ラメ入り―ギラギララメは安っぽい女の子に見える。上品なものは出会いの即効性あり。ラインストーンは効果が大きい。

緑は体の先端から入る、と言われているから、出会いを求める人は気合いを入れてネイルアートをしたいものです。

〈ネイルモチーフ〉
出会いをつくりたい人は星モチーフをつけるといいでしょう。
あらゆる恋愛運上昇には花とハートのモチーフが最適です。
新しい恋を呼び込みたいのなら、ハートが最高です。男性はよく見ているものです。
片思いの彼に意識を向けてもらいたいなら、何といってもリボンモチーフです。

現在の彼と結婚を望むならフルーツモチーフが効果あります。
なお「リッチな男」を望むなら、水玉柄モチーフがいいのです。

◇**バッグ**

小さく軽いバッグが出会いのチャンスと行動範囲を広げます。だから大きく重いバッグは行動が制限され、恋には不向き。映画やテレビドラマに出てくるヒロインはみな小さいバッグを持っていますよね。バッグのなかに余計なものを入れないのも恋の成功に必要なことです。

◇**時計**

時計はその人の地位（グレード）を示します。恋愛運を高めたいなら、四角な男性時計より、丸いブレスレットのものを持ちたいものです。身分不相応なブランドものは「精神的成長」を止めます。背伸びせず、ほどほどの時計が出会いを増やします。

◇**携帯電話・モバイル**

これらは、「火の気」と風水ではとらえます。火が縁や運気を盛んにすると考えるのです。だから必ず持ちたいものです。新しい機能のものに心がけると縁が切れません。

◇服装・ファッション

これは恋愛運気を左右する重要要素です。「流行に敏感な女性」のもとに縁がついてくるのです。時の運と風水では言いますが、流行を取り入れるものは、恋のチャンスに強くなれます。しかしすべてではなく、全体の一部だけ取り入れればベストです。

服装のポイントは胸元と手首が露出するデザインとされています。胸元から運気を、手首から縁を吸収するからです。胸元が隠れるときは、ペンダントで運気を補います。

スカーフなどの「小物」やチェーンベルトは運気を補うのに役立ちます。

◇下着

上下色をそろえるのがベストです。下着は恋愛に直結するアイテムですから、上下そろうのが原則。もしないときは、せめて色だけは合わせたいものです。

〈ピンクやローズ系下着〉

ホルモンバランスを整え、身体の内側から女らしさを見せる効果があります。ホルモンバランスが正常な女性は男性から観てチャーミングで、自然恋愛運が高まるものです。

〈レースの下着〉

かわいい下着は恋愛運を高めます。フェミニンなレース使いが最高です。花模様のものがあれば、さらにいいです。女性としての魅力は最高になります。

〈白い下着〉

体と心を清める色ですから、ブルーなときや疲れているときにいいのです。気の調整力が強いので、毎日でなく二～三日おきがいいでしょう。

〈黒い下着〉

ある意味強烈な大人の下着です。水の気なので冷えやすいとします。冷え性の女性は避けましょう。そうでない人は真冬以外は大丈夫。ただ強烈に女性の肉体をアピールします。

〈アイボリー・クリーム下着〉

中立色なので実際よりステータスを高く見せられます。目上の人に好かれます。改まった会合などに出かけるときに薦めたい色の下着です。

足元こそ風水の基礎

足は大地の気を吸うものです。サンダルやミュールは風通しがよく、大地の気とともに縁もひき寄せるとされてきました。出会いのない人はミュールを。いまの関係をより深めたいと思う人はサンダルがいいのです。このタイプの履き物は足首を強調するので、縁の気が強まるのです。サンダルも明るい色は同じ効果があります。いろいろと履き分ければいいのです。

靴の大事さ

昔から「足元をみる」と言われているように、靴は下着に次ぐ女性の「タカラモノ」です。自分を開運場所に運んでくれるものとも考えられてきました。簡単に言うと、「普段履いている靴」でその人の運勢が決まると言われているほどです。行動力・実行力のある女性は「いい靴」を履いています。皆さんの周りを見てください。だから「いい靴」を履きましょう。コレは「風水」だけのことではありません。

風水的に言うと、単調なパンプスやスニーカーは「土」の気が強く、現状を固定させるので、

「恋愛発展」や新しい恋を望む人には不向きとします。また流行の靴でも不安定な高さのものは、心を動揺させるとして、縁を引き寄せる力が弱まると考えます。

「いい靴」は、履きやすく、流行が程よく感じられるものが最高です。いくらかわいくても足に合わないものは、いい靴ではありません。それは自分の運気をも壊すのです。靴を変えれば、新しい運気が呼び込めます。

黒髪は運気を招く

昔から「髪は女のいのち」と言われてきました。いのちのもとは水です。水は風水では黒とします。髪の毛は「水の気」となるのです。そして男性から見て、髪はそのままその女性の姿になります。乱れていれば、乱れた女性。きちんとしていれば、きちんとした女性と映るわけです。ですから、ヘアケアは絶対に欠かしたくないものですね。

さて、恋愛を深めたい人は、時にヘアスタイルを変えましょう。ずっとベーシックなストレートヘアのままだと恋はマンネリ化します。たまにはソフトウエーブにしたりして変化をつけたいものです。男性も「新しい美しさ」を発見して喜ぶものです。額と耳は出したほうがチャーミングになります。隠れていると「陰の気」が強くなります。

また、「新しい出会い」が欲しい人は、軽やかで風を感じさせるヘアスタイルがいいのです。「縁は風に乗ってやってくる」からです。下にすっと落ちるものより、遊びのある髪のほうがいいです。出会いに恵まれると言います。流行のタレントのヘアスタイルをまねするのもひとつの方法です。流行の人をまねると、その人の運気をもらえるとするからです。

次に、「縁結び」を望む人は、風水で言う「火の気」を高めればいいのです。相手の男性の火の気を高めるには、キラキラするヘアピンを頭の両側の額の上にするのです。この方法は無意識のうちに相手の決断力を高めますから、そのほかの「決断の欲しいとき」にも効果があります。こうして耳を出すスタイルは、ものすごく女性をかわいく見せるものです。

ただ、髪は黒髪が一番いいのです。日本女性の美しさを一番表すばかりか、風水でいのちのもとを示す水は「黒色」だからです。いわゆる「茶髪」ですが、風水では茶を土の気とします。土は水（生命）をコントロールしますから、若さとエネルギーを生む色です。確かに茶色の髪は若くなります。清潔できちんとブラッシングがきいていれば、運気は向上しますよ。

LOVE

恋愛運向上法

恋は、最初の出会いが八割です。人は同じ水準の人にひかれますから、積極的な気分のときは積極的な縁が、後ろ向きな気分のときは、後ろ向きの恋が生まれます。最初の出会いがたのしければ、明るい恋になるのです。

さあそこで、どういう運を招くか？　男性との縁は、この世に生きているかぎり、大事なものです。

女性は風水では「陰」、水・月とします。男性は「陽」、火・日とします。女性の気の本質・水、すなわち生命力あふれる生き方をすれば、水を求めて人が寄ってくるように男性も寄ってくるでしょう。そのためには、明るい女性になりましょう。明るい笑顔の女性は何ものにもまさる存在です。

明るい人間は同性にも好かれます。人生の運気が高く、将来、幸運な人生を送る可能性が高いのです。

ステキな男性と巡り逢うには次のようにしましょう。

いつも明るい笑顔でいる
明るい色の服装をする
友達や友人と手紙やメールのやりとりをする
おいしいものを気の合った人と食べる
たのしい歌を歌う
物事に素直に感動する
うれしい・たのしい・ありがとうを意識して言う

こうすれば「運気」が上がり、「ハッピーな雰囲気」をつくれ、恋愛運がかなり高まることうけ合いです。

相性ということ

世の中、ウマが合うとか、相性がいい…と言うことがあります。これは**第1図（31ページ）**の「五行の循環（相性）」で簡単に分かります。この場合の気は次のとおりです。

木の気……一月・二月・三月生まれ
火の気……四月・五月・六月生まれ
金の気……七月・八月・九月生まれ
水の気……十月・十一月・十二月生まれ

そして、「五行の循環」で、水は木を生み、木は火を生み、火は金を生み（土は中央で誕生月はなく、飛ばします）、金は水を生みます。この風水の理から相性は次のようになります。

水と木……十・十一・十二月生まれと一・二・三月生まれ
木と火……一・二・三月生まれと四・五・六月生まれ
火と金……四・五・六月生まれと七・八・九月生まれ
金と水……七・八・九月生まれと十・十一・十二月生まれ

これで考えると、一・二・三月生まれは、四・五・六月生まれと十・十一・十二月生まれとも、相性がいいことになります。いわば人間の半分が「相性がいい」存在なのです。

それとともに「明るく、かわいい女性」になることを心がけましょう。ここで「相性をも上回る風水マジナイ」をお教えします。これは生まれついた相性をも吹き飛ばし、開運人生を開くマジナイでもあるのです。

他人の長所を褒めよう!

たったこれだけです。幸せな人生を送った人はすべて「褒め上手」です。褒めるということは、相手の長所を見る目を養うことです。周りに好かれて「運とチャンス」を呼び込むのは、これ以外にないと言っていいほどなのです。

褒めるところがないという人は、他人への思いやりが不足している人です。必ず「いいところ」が人間にはあるものです。他人の長所を褒めて、人に好かれれば、相性の悪さなど吹き飛びます。

良縁実現方法

すてきな恋をして、素晴らしい結婚にゴールしたい…。多くの女性が望むことではないでしょうか。風水の原則は「陰陽のバランス」です。調和ということです。だから、自分が何も変わらないで、相手にばかり求めたり、無理を続けていては「いい恋・いいゴール」ができません。見栄や相手の社会的な地位で相手を選ぶのは、無理しているわけで、女性の運気を下げるもとです。また何も努力しないで、「いい話が飛び込んでくる」のを待っていても、絶対にこないものです。

すてきな恋とそのゴールを望むなら、「**まず自分が変わる**」ことが第一なのです。この本を手にしたほどのあなたですから、それは可能です。第一、本書を読もうと思っただけでも、もう「幸運の女神」がついているのです。

その「変わる」ために、目的は「幸せな恋とゴールがしたい」「そういう自分になりたい」

とまず思いましょう。幸せになろうと思えば、必ずなれます。夢は実現するからです。この実現のための魔法のことばがあります。「風水のマジナイ」です。

聞いてあげる
分かってあげる
褒めてあげる

この三点だけです。すでに述べたように、「真実」は簡単なのです。ただ「たったこれだけか」と思うかもしれませんが、実行してこそ実現するのです。

人の話を聞いてあげ、同調しなくとも相手の気持ちを理解し、「そういうことを思いやるあなたは優しい人ですね」と褒めてあげる…。このことが大切なのではないでしょうか。

名作詞家の阿久悠さんが、次のような和歌を残しています。

子らよ子ら　書を読め　解《かい》せ　文《ふみ》を書け
人の目を見て　言葉語れよ　（「産経抄」02年12月19日）

まさに「人の目を見る」のは相手の気持ちになっている境地です。風水が「思想的真実」であり、「そう思うこと」を大事にするというのは、このあたりを示しているからです。

結婚運を呼ぶサイン

サインは「幸せになろう」とするジェスチャーですが、何よりも「自分が変わらなければ」なりません。その具体的方法を紹介しましょう。

いい結婚をしたい！とまず思う

自分は運に恵まれている存在だと思う

明るく振る舞う

「毒だし」と言い、古い服・下着は捨てる

冷たいものを食べない。紅茶など温かいものを飲む

掃除を忘れず、ごみをためない

服の雰囲気を変える

ヘアスタイルを変える

ゆったり風呂に入る

アクセサリーをつける
花を生ける
明るく笑う
清潔な感じのファッションにする
周りにあいさつをする

これでいいのです。さあやってみましょう！　効果絶大ですよ。

FAMILY

いい結婚生活実現法

いい結婚生活は「恋愛の果実」なのです。恋愛という花が咲いて、実が実ったわけで、この果実は夫婦二人で育てていくものです。「いい結婚生活」は、

ありがとう
うれしい
たのしい

の三種の言葉で、実現できるのです。

風水とは、環境を整えていい運気をつくる知恵です。いい結婚生活を維持するには、昔から次のような環境改善策がとられてきました。

鏡の前に、白またはクリーム色の花を生ける
玄関にフクロウの置物を置く…不苦労に通じます

敷地のどこかに、南天の木を植える。土地がないときは、鉢植えでもいい
階段や玄関の突き当たりに、「赤富士」か「朱墨の竹」の絵を掛ける
敷地のどこかに、オモトやハランを植える
入り口や門の近くに土地があれば松を植える
庭があれば、槐（エンジュ）の木を植える

南天は難転で災難よけ、赤色は災難を焼き尽くす火の色です。神社の巫女さんの袴は赤いですよね。赤飯もそれです。赤富士・朱竹も同じです。オモト・ハランは常緑樹で、足元を守ります。松は神様の下りてくる木、門松がそれです。エンジュは延寿で、いい庭には必ず植えてある木です。もし敷地がなければ、植木のかわりに鉢植え、写真、絵画や掛け軸でもいいのです。

結婚とは、まったくの赤の他人と一緒になることのほかに、「それぞれの親族」がついてきます。決して「両性の合意」だけではなく、その背後に「ご両家」があるのです。ホテルなどの結婚式場で見るとおり、「○○家」と「○○家」の儀式なのです。

だから、夫婦のみがうまくいっても、その背後の「ご両家」との人間関係も大事です。これを忘れて夫婦二人だけを考えていると、破局になりやすいのです。

相手の家族とうまくやるには、この「ありがとう、うれしい、たのしい」を惜しみなく使えばいいのです。


相手に百点を求めるのではなく、夫婦は二人で家庭を作っていくものではないでしょうか。「相手が悪い、だから自分はいい」という、戦後日本人をとらえている「冷笑主義」「嘲笑主義」をやめ、感謝の気持ちでいきたいものです。

「相手がこんなに悪い」と批判しても自分はよくならないのに、批判すれば自分は正しい…とする、本来の我々と違う考えを捨てましょう。

人のいいところを見ていきたいものです。テレビコマーシャルにある「お母さんの味噌汁おいしいね」、これこそが、その極意です。

夫にやる気をおこさせる法

人にとり、有意義で他人に認められることほどやる気をおこさせるものはありません。そして「たのしい・うれしい」と思える仕事があれば、それこそ充実した仕事と言えましょう。この気持ちは「褒めること」で生まれるのです。昔から日本には「**言霊**《ことだま》」という考えがあります。これは中国や現代朝鮮・韓国（かつてはあった）、また欧米諸国にはないものです。言葉に魂《たましい》があり、人の心を動かすと考えるものです。風水では重要なものと考えています。

「あなたはきれいですね」と言われれば、人は喜びます。「ブスですね」と言われれば不愉快です。すなわち「言葉が心を動かしている」のです。それですから、いい言霊を出したいのです。夫なり、家族なりを「褒めていけば」、喜んでやる気になるのです。もちろん心にもない「お世辞」ではいけません。本当にそう思い、心からの褒める気持ちが伴わなければなりません。

「あなたはひたむきで素敵ですよ」「いつも頑張っていてたのもしい」、そう言われると、男は俄然張り切るものです。はやく言えば、「男は凧」なのです。糸の操り方ひとつで天にも昇り、地にたたきつけられるのです。ある面「大きな子供」のところがあります。子供が「そうかそうか」と頭をなでられると頑張る気になるのと同じです。だから夫の「やる気」は奥さん次第だと言えましょう。

風水の極意は「幸せな人生をつくること」です。幸せとは、エビス・ダイコクのところで紹介したように「明るい言葉と笑顔」を持っていることです。これには何も資本や投資はいりません。明るく前向きな言霊を心がければいいだけなのです。

それにはまず自分から明るいあいさつを始めましょう。

おはよう！
ありがとう！
うれしい！

褒めること以外に、自分が「輝く笑顔」を持ちましょう。鏡に向かい一日一分間「ニコニコ笑い」の練習をすれば顔が変わるし、美人になれます。心の優しい静岡女性の笑顔こそ「日本一」なのです。そして「明日はきっとよくなる」「必ず夢はかなう」と思って、眠る前に自分に語りかけてください。

親子関係好転法

よく世間で問題になっていますが、これほど簡単なことはないのです。

子供は育てたように育つ
子供は親が鏡

です。親が子供に求めるものは何もないのです。親が変わればいいのです。それを子供に求めようとするからトラブルになるのです。学校や社会より、子供にとり親は大きな存在です。そして、親の心を演じる名優が子供ではないでしょうか。反発する子供は親の心そのものなのです。いやみを言い、「勉強しろ」と脅迫し、子供の前でしてはならないことをしていたから、子供が自己防衛しているだけなのです。

反発する子供は、実は優しく感受性の豊かな子供で、無反応な子供と比べてはるかに将来性が高いと言えます。それだけ豊かな心をしているのです。それをしかったり怒ったりしたから、反発しているのです。

大体、親が子供と同じレベルで立腹するのが変ではありませんか。親のほうが経験も豊かなのですから、同じ次元に立つというのがオカシイのです。親としての自信を持っていれば、自分の子供は心配ない、わが子だから—と信じていれば、うまくいきます。明るく、どっしりして、子供への愛情を忘れない。そしてにこにこしている—これが風水での子育て極意です。大体マスコミは問題のある例をとりあげますが、うまくいっているケースを紹介しません。しかし、ほとんどの場合、多少のことはあってもうまくいっているものなのです。

お母さんは自信を持ってもらいたいのです。大丈夫！　あなたの子供ではありませんか。

うつの子供

最近、うつやひきこもりの子供が増えてきました。その原因は「強い親」にあります。勉強しなさい、いい大学にいきなさい、国立に入った姉さん・兄さんのようになりなさい—。こういう親の子供に対するイジメが、うつやひきこもりの原因です。子供をずっとイジメてきたのです。それに子供が耐えられず、防御策をとっているのです。そのことに親が気付かぬかぎり、この症状は治りません。まず親が変わり、子供の心を受け入れることから始まります。心のどこかに子供を責める気持ちがあるかぎり、治らないと言えます。

この病気は「子供の叫び」だということが分かれば、簡単によくなっていきます。風水で言えば陰の気が多すぎたので、陽の気を送るということになります。

子供が勉強する魔法

先述しましたが、親が子供の鏡だと風水では言います。鏡の理論で、親が勉強しないで「勉強しろ、勉強しろ」と言ったって、するはずがありません。まず親がすればいいのです。父親も母親も、それを塾や予備校に任せていると思います。他人任せは、考える必要があると思います。大学で長いこと教えてきましたが、「受験勉強のオバケ」にはよく巡り会いました。はっきり言って、人格障害者です。無気力・指示待ち・無責任・無感動の「爬虫類」です。中央官庁の幹部になってトラブルを起こしているのは、こういう人格障害者です（多くのまじめな公務員も迷惑しています）。しかし世間は「エリート」、高学歴者と見ているのです。これは誤りです。素直に普通に世の中を見ていきたいものです。

勉強させたいなら、まず親からすればいいのです。同じ部屋、特に台所やリビングで親子そろってやる、小さい子なら「読み聞かせ」をしてあげる—こういうところから始めたいものです。親と一緒にやれば、必ず勉強好きな子供になります。

これは教育のうちの「育」、はぐくむということです。いま「教」、おしえることが多いのですが、「はぐくむ」ことが忘れられています。しかし、こうすれば簡単にできるのです。「陽の気」がこれで十分出ます。共働きで忙しくても、五分間だけあればいいのです。

嫁・姑関係勝利法

なかなか微妙な問題ですね。どちらにも勝ってもらえば一番いいのですが、でも考えてみましょう。まず嫁は「自分の息子を奪う存在」です。姑はこれに対して不満があります。嫁にすれば、いちいち夫婦の仲に口出すウルサイ姑は、気にかかるものです。料理の味付け・掃除の仕方・お茶の入れ方―などなど、すべて違います。さらには子育てについても口出しする姑。どこでもある風景です。よく相談をうけます。

ここで、ひとつだけアドバイス。それは嫁・姑がケンカしたとき、夫が姑の側に立ったら、奥さんはプッツンし、もうこれは修復不可能だということです。離婚原因の多くはこれなのです。**嫁・姑のケンカがあったとき、夫は妻の側に立つ**必要があります。

日本の女性は我慢強く、かなりの程度我慢しているものですが、この絶対のときに夫の選択が違うと大きな痛手になります。

もちろん、そうならないことが一番。それならどうするか？　風水には解決法があるのです。

一、相手の気持ちを受け入れる―なぜそう言うのか。自分が不満でも、まずそう言う相手の心を受け入れることです。

二、そう言う相手の気持ちに「同調しなくとも」理解する―なるほどこの人はこう考えているのだ、と。

三、聞いてあげるだけでも、双方の気持ちはかなりやわらぐものです。ことさら対立意見をそこで並べたてないのです。

四、普段から相手を褒め、相手のいいところや自分より優れたところを賞賛しましょう。相手は家族です。他人ではありません。それだからこそ、他人以上に気配りし、褒め上手になりましょう。

五、近所で、「**いい陰口**」を言おう。大いに相手の「陰口」、しかも「いい陰口」を言いましょう。陰口は、必ず相手の耳にまわりまわって入るものです。だから、「うちの嫁はこんなに優しいいい嫁だよ」、「うちの姑は、気配りがあって本当に尊敬しているのよ」と大いに言いましょう。たとえオーバーでもいいのです。それは相手の耳に入り、相手の心を動かし、周りの気持ちを明るくし、ひいては家内円満になります。いまの日本、「いい陰口」が少ないのではありませんか。これも風水の極意なのですよ。

以上が「嫁・姑関係勝利法」です。明るい嫁・笑顔の姑ほどいいものはありませんね。

家庭内人間関係「大吉法」

これほど簡単なことはありません。

聞いてあげる
分かってあげる
褒めてあげる

この「風水三原則」こそが、大吉を招く秘伝です。家族関係に「陰の気」が多くなると、家庭内不和がおこります。家族はお互いに許しあい、かばいあい、守りあう関係です。たとえ世間で、わが子が後ろ指をさされるようなことをしても、「うちの子は悪くない」とかばうのが親と家族です。

「論語」に面白い話があります。孔子が諸国をまわっていたとき、ある村で男が官の羊を盗みました。それを知った息子は、役人に「父が羊を盗んだ」と届け、父は捕らえられました。このことを、その村の村長が自慢し、「どうです。正直な息子でしょう」と言ったとき、孔子は「うちの村では違います。心に素直なものを正直と言います。父は子を守り、子は父をかばうのが人の本性ではないでしょうか」と言ったというのです。これが本当の家族ではないでしょうか。**許しあい、かばいあい、守りあう家族**であることは、それこそ「大吉家族」です。どんなことがあっても家族は守りあうぞ！という気持ちを維持したいものです。でも考えてみたら、「いまこの家族でいること」そのものが大吉ではありませんか。そう思うと、家族の一人一人がいとおしく思えます。

最後にひとつ「家族大吉」のマジナイ！　それは**玄関とトイレをきれいに心がける**ことです。家庭の凶運がこれでなくなります。

玄関は家の主とそこに住む女性の縁をつかさどる所です。玄関は気の入り口、家族の運を決めると言われています。手入れ次第で運気は変わるのです。きれいにして散らからないようにしましょう。開運玄関はこういうものです。

照明などで明るくされている

掃除が行き届いている

靴などがきちんと収納されている
傘が傘立てに入っている
花が飾られている

鏡は正面から見える所には掛けません。気が散るからです。もし花がないときは、花の絵でもいいのですが、柔らかい色調のものにして、額に入れて飾りましょう。花は切り花がよく、どんな色でも構いません。鉢植えは安定を招くので既婚者用、独身は「旺気」を招く切り花がいいのです。

トイレは陰の気のたまりやすい所です。きれいに掃除し、明るい照明にしましょう。内部のインテリアカラーはピンク、イエロー、グリーンが運気に明るさを呼びますが、新しい気分で毎日を過ごしたいなら、白がいいでしょう。

LIFE

幸せを運ぶ

いわゆる「風水らしい」ところです。でも風水とは「家相」だけをいじくっているのではありません。また一気に運勢を変えるものでもありません。まじめに、地味に生きていく上での、先人が残した**経験則**であり、先人の「祈り・願い」がこもったものなのです。祖先の、将来の子孫たちに「幸せになってもらいたい」という思いが伝えられたものなのです。だから、この経験則を応用すれば、家相の吉凶を過大にとらえず、きっとハッピーになれると言えます。こうして「運気」が向上したら、「幸せを運ぶ人」になりましょう。

こうすれば方位はよくなる

このあたりが風水でもっとも面白いところです。まず結論を言いましょう。「**静岡県は風水が日本一**」なのです。ご存知でしたか。まず方位とは東西南北ということです。そしていわゆる鬼門・逆鬼門。これについて、いろいろと本が出ていて、風水というキーワードでひくと山ほど出てきます。いろいろな説がありますが、「風水は地域・地域で違う」ということです。本来、北中国で二〇〇〇年前に完成した風水は、大体秋田県の緯度です。静岡県と比べるとかなり北になります。しかも海が中国の風水にはないのです。

「曜日・方位の風水」の項で述べましたが、静岡県が最高の風水方位というのは、**第6図**のように

山が周りを囲み
水が流れていて

道路が通っていて
南が開けている

という、風水の理想地だからです。こういう所を「**桃源郷**」と言います。桃源郷とは英語のユートピアで、天国という意味です。なんとイスラム教の「コーラン」（クラーン）には、天国について、こう書かれています。**第5図（36ページ）**と同じように

きれいな水が流れ
周りを緑の山に囲まれ
涼しい風が吹き
果物がたわわに実る地

これこそ、静岡県ではありませんか。

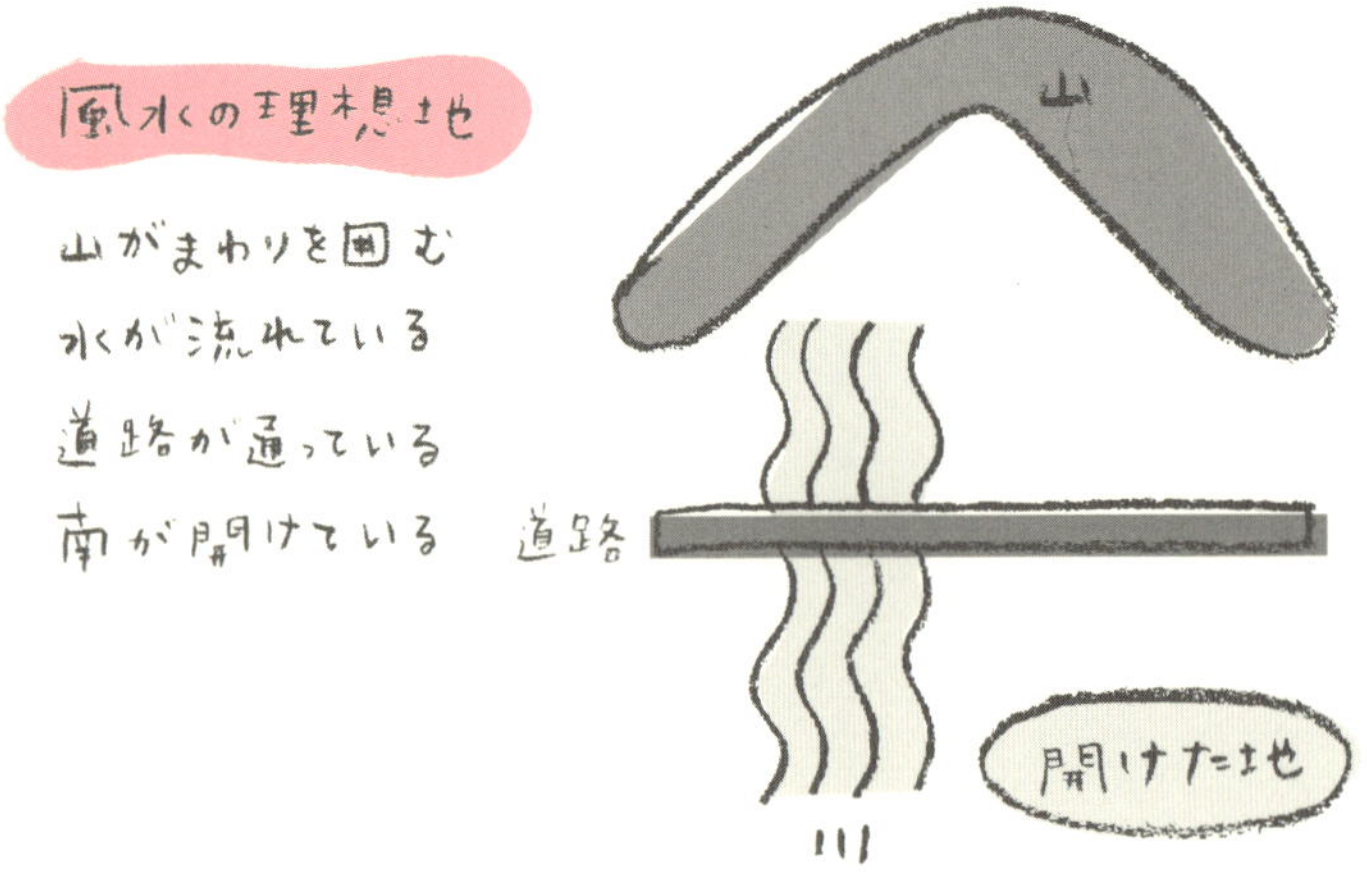

第6図

そして何よりも強調したいのは、日本一の**霊峰富士**があることです。風水のいい所とされ、都が千年も置かれた京都の方位改善の「鬼門除け」は比叡山です。八四八メートル、これに対して、富士は三七七六メートル、言うまでもなく最高の山です。**日本一の鬼門除け**を持つ静岡県は「風水の方位」で日本一なのです。

だから、静岡県は日本一の風水地と意識すれば、方位はよくなるのです。富士山の方向に窓をつけるか、扉をつけ、あるいは富士が見える家具配置にすれば、方位は最高になるのです。見えない場合は、**富士山の写真・ポスター・絵などを掛ければ**、**「最高風水の家」**になります。「ふじの国静岡県」ですから、富士の見える地域はみな日本一の風水地域になるのです。

大吉になる家相

戦後の日本人に大きな影響を与えた中村天風は、「日がよく入り、風通しのいい家がいい家だ」と指摘しています。まさにそのとおりです。これが「いい家相」なのですが、大吉の家相には、もう少し加わります。

日当たりがいい
風通しがいい
使い勝手がいい
湿気がない

そして、住んでいる人が幸せになれば最高です。同じ家でも住む人の気持ちで運気は変わります。

もちろん、家相の本などを読んで「鬼門の方に水回りは悪いのでは」と考える人がいるのは事実です。これは、昔は下水がなく垂れ流しだったので、北は乾燥しないため避けたのです。しかし、下水や配管の発達した現在では、あまり気にしないほうがいいと思います。

それと、大吉家相にどうしてもしたいなら、玄関とトイレをきれいにすればいいのです。トイレに「塩を置きなさい」というのも、清潔感を忘れないためで、ひとつの知恵でしょう。

「いい家相」でない場合は次のようにしましょう。

・日当たり、風通しをよくするため、**カーテンや家具などの配置を変える**

・暗い部屋なら、**壁紙や照明を明るいものにする**。赤と白の色を意識する（商店街の大売り出しで赤白のまん幕をかけているのはそれなのです）

・**玄関をそうじ**し、すっきりさせる。ものをあまり置かない

・どこかに神社や寺の**お札を貼る**。お札を貼ると、神や仏がこの部屋（家）に同居していることになり、「風水の治外法権」地域となるのです。すべての風水法則より上位にきますから、運はよくなるのです

・**玄関に花を生ける**

そして明るい笑顔とあいさつを忘れないようにしましょう。なお集合住宅も同じです。この原則はできるかぎり実行してみましょう。

周吉になるアパート・マンション家具配置

周吉とは、ずっと吉のままという意味です。家具をどう置くかは、アパート・マンションばかりか、普通の家に住んでいても大事なことです。

原則は次のようなものです。

・風通しのよい家具配置にする。風が北から南へ抜ければ最高配置
・玄関が片付いていて、靴は靴入れ・傘は傘立てに入れられている
・玄関の照明が明るく、花が生けてある
・玄関に、剝製や犬の置物・ぬいぐるみを置かない（殺気を呼ぶとされています）。フクロウの置物、花の絵や朱墨で書いた絵をかける
・リビング（ないときはくつろぐ部屋）に花を生ける
・テーブルは木製が最高。ざぶとんやクッションは大きめ
・洗面所には、ものをあまり置かない。小物は収納棚に。ないときは布をかける

・勉強机、仕事机は左から光がくるようにする

・トイレは便座カバーとマットをセットにする。水回りは陰の気なので、カバーはそれを防ぐ品物です。使用後は必ずフタを

・カーテンは二重にすると運気が逃げず、外気の影響をおさえられる

・何よりも、余計なものを置かない。こまめに風を通す

・安っぽいプラスチック製品を置かない。それは気が下がる

生け花の説く風水

生け花は、花を生けるのか、花が生きているのか、といろいろありますが、大事なのは「**季節を大切にする**」ということです。自然の中のいのちの流れである季節感が、生け花では意識されています。

この考えは、まさに風水なのです。風とは目に見えない自然の変化です。水とは目に見える自然の変化です。それを生活に取り入れていき、自然界の呼吸にあわせるのが風水であると言えるのです。

だから花を生けることは風水と同じことなのです。お茶もそうです。そこで静岡女性の皆さんに薦めたいのが、「**花風水**《はなふうすい》」です。これは花を生けて運気を上げるというものですが、秘伝として、あまり外部に知らさなかったものです。もしこの花風水を知っていれば、かなりの風水達人だと言えます。

なお花はあまり多くなくてもいいのです。一本の花だけでも、十分生けた人のいのちが伝わるからです。まず花を生けるための注意点を述べます。

水はこまめにとりかえる
枯れた花をいつまでも飾っておかない
同じ場所に同じように飾らない
ドライフラワーやポプリを使わない―確実に運気が下がります。死んだいのちですから。

それではどんな花がいいか？

〈恋愛運アップ〉
バラや**ユリ**、**カスミソウ**、**チューリップ**が最高。花器は白いものなら何でも――これは北の方に。明るいピンクか赤い花もいい。花器は白い陶器のもの――これは西側に。

〈結婚運アップ〉
ピンクやオレンジを中心に、多色にいくつかの花を。**バラ**や**西洋ギク**がいい。花器は白か籐製――北側に飾る。
また、鏡の前にクリームか白の花を生けると、強い運気が出る。

恋愛・結婚に関係なく、ハッピー人生を招くには、「玄関に花を生ける（季節感のある花がいい）」、そして、定期的に生けていくようにすれば、花のいのちがもらえます。いつも花が玄関にある家や部屋は素敵ですよね。

茶の説く風水

お茶、すなわち「**茶道**」も風水の道なのです。風水は、自然全体を表すものとして、木・火・土・金・水の五行を置いています。これが自然そのものとするのですが、茶にはこの五行が取り入れられているのです（**第7図**）。

お茶の「炉中」にあるのです。茶をたてるところを見てください。

炉の縁―すなわち木ですから木の気
炭火―火の気
炉壇―土の気
釜―金の気
釜の中の水―水の気

第7図　炉の五行

これで、すべてそろったとするのです。これを「**炉の五行**」と言います。茶には完全な宇宙観があると言われているのは、このためです。

茶碗をみてみましょう。土と水と金属でこねたものを、木をくべた窯で焼く、これもまた五行そのものと考えるわけです。ほかの茶道具も同じ考えになっています。いくら新しい製品が生まれても、プラスチック製品を茶の世界が入れないのが分かりますね。

これから茶席に出るときは、そういう気持ちで臨むと気持ちを新たにするのではないでしょうか。茶は風水（宇宙）と一体となれるものなのです。

厄年の対処法

「厄年」は、本当かウソか。これこそ風水の問題として最適なのです。「宗教的真理」ではないし、「科学的事実」でもありません。風水と同じ「思想的真実」なのです。そう信じれば、そうと思えるし、信じなければ、まったく関係ないものです。しかし「気になるもの」ではあります。

これも、先人が残した「経験則」だと言えます。まず厄年はいくつかあることを知っておいてください。

ひとつは、もっとも知られているものです。

男　二十五、四十二

女　十九、三十三

古来、人生途上の健康面での曲がり角、重要なひとつの節目であることから、経験上伝えられてきたもので、無視できないものがあります。
これ以外に陰陽五行説を直接中国から入れたものもあります。
十三
二十五
三十七
四十九
六十一
これらは、干支の十二を足していくものです。
ただ、現在では最初の方がほとんどです。そして
男　四十二
女　三十三
を「**大厄**」とし、気をつける年齢としていますが、風水では四と二を足すと六という偶数で、「陰」というエネルギーが不安定になる数字とし、三と三を足すと、やはり「陰」になり、運勢が乱れるとするのです。これは「気学」からきているのですが、正しいか正しくないかという問題ではなくて、経験的にこの年齢は健康の曲がり角とされてきたのであり、それなりに根

拠あることと言えましょう。ただ、この場合、年齢は数え年なのです。

結論として、厄年と言われているときは、健康を見直せばいいということです。それが正面からの対処法なのです。

良職実現法

これは、いろいろと豊富な経験がありますね。とにかくいい職場に就く人には共通点があるのです。

明るい笑顔
清潔な服装
はきはきした応答
真っ直ぐな姿勢
いいあいさつ

これは、風水でなくとも同じです。人生において「勝ち組」になる人は、こういう人です。

特に「**あいさつがすべて**」と言えましょう。

とにかく「明るい気」を出すと、周りも明るくなります。明るい社員は、同僚ばかりか、お客さんにも好感を持たれるものです。そこでひとつ「確実就職成功法」をお教えしましょう。「**手紙を書く**」ということです。いまのようなネットや携帯電話の時代だからこそ、手紙は価値があり、人生の勝ち組を保証します。

採用をしている企業を見つけたとします。普通、資料請求はがきを出すか、メールを送ります。そして資料がきます。さあこのときからです。手紙を書くというのは、「資料受け取りました。ありがとうございます。説明会のときはよろしくお願いします。いただいた資料の切手代、同封します」と切手を入れて送ります。さらに採用試験・面接を受けたとき、その相手の名刺をもらい、すぐ「今日はありがとうございました。皆さん素晴らしく、感動しました。貴社のこういうところが気に入りました」と手紙を書いて送ったものと、何も連絡しなかったものと、どちらが採用になるか、言うまでもないことです。大体有能な人は「筆まめ」です。年齢にこれは関係ありません。いい仕事に就きたかったら、手紙を書きましょう。手紙は、こちらの「いい気」を送れるからです。

職場人間関係「大吉法」

職場は人生そのものです。ここでこそ「風水の知恵」が生かされるのです。まず「職場」をどう考えるかです。職場は、

自分を専門家にしてくれて、さらに金をくださるところ

ではないでしょうか。西洋の労働価値説にあるような、「時間の量り売り」をしているところではありません。世間の縮図そのものです。だからこそ「風水の経験則」が発揮できるところなのです。その極意!

周りの人を褒めよう
明るいあいさつをしよう
たのしい、うれしい、ありがとうを言おう

他人を批判せず、いい陰口を言おう
なきごとや愚痴は言わない
人より早く職場に行こう
人の話を聞くときは、目を見よう

その気持ちを忘れない「魔法のことば」があるのです。「**おあしすはな**」と言います。

おはよう
ありがとう
(ご) しんせつに
すみません
はい
なるほど

簡単な言葉で、誰でも、どこでも実行できます。

「後始末まで」が仕事

人の評価は、自分がするのでなく、世間がするのです。このことはとかく忘れがちです。その評価で大事なのが、仕事ができるかどうか。これは当たり前のようですが、実は「後始末までが仕事」ということを考えない人が多いのです。いくらきちんとできても、後始末をしないで帰れば、そのあと仕事を頼まれませんし、人間関係はせばまっていくものなのです。家でおいしいすき焼きを食べて、「ああおいしかった」とすぐテレビの前に移っても、机の上の食器や食い散らかしを片付ける人がいるのです。食事は、この「**片付け**」までが範囲なのです。

これと同じです。きちんと細かいことをやりましょう。それが人生の成功のカギなのです。「革命とは事務処理なり」という言葉があります。でかいこと、目立つことだけでなく、細かいことを積み重ねることの大切さを説いている言葉です。

これを、漢語では「**凡事徹底**」と言います。普通のありふれたことをきちんとやるという意味ですが、ハッピーな人生を送りたいと思う人が心がけたい言葉ですね。いや、皆さんに言っているのでなく、僕自身に言っているのですが。

オニババアにならないために

これこそ、この本でもっとも言いたかったことなのです。いままでのことをすべて忘れてもいいですから、ここだけは覚えていてください。

世の中に「オニババア」はいても、オニジジイはいませんね。オニババアとは、意地悪で陰気な女性を指すのです。男はいい加減ですから「まあええじゃんか」と、徹底的意地悪は少ないのです。それだけ女性はまじめなのです。

陰気で人をののしり、それでいて自分は正しいと思い込み、他人の欠点を批判することが正義の行為と思っているのです。実はこういう人を「逆風水人間」と呼びたいのですが、よく見ると、世の中には少なくないのです。こういう人の将来は明るくないですよね。

だから本書を手にとられた皆さんに言いたいのは、人に厳しい陰気な女性になってもらいたくないということです。

「桃太郎の鬼退治」で、桃太郎は鬼を征伐してタカラモノをいっぱい持って帰ります。このタカラモノとは、金銀・ルリ・サンゴ・メノウなどです。貨幣のまだなかった時代、これが財宝だったのです。財産をいっぱい持った幸せな生活をしたということが象徴されています。

さて、鬼退治ですが、鬼は**第8図**にあるように、東北の丑と寅の間にきます。艮（うしとら）と書きます。鬼が角をはやし、寅の革のパンツをはいているのは、「うしとら」の方向だということを示しているのです。**鬼は陰気の象徴**です。

この反対側が桃太郎です。陰の気の反対、陽気です。事実、桃の花は春咲きます。この花が咲けばもう春です。静岡市もお城の東南の下川原地区に「桃園町」があり、京都御所も逆鬼門にあたるところに「桃園」がわざわざつくってあります。

桃太郎に付いていくサル・トリ・イヌも、**第8図**ですぐわかります。桃太郎の後に申・酉・戌が続いているからです。ただ酉が日本の国鳥・キジになっているだけのことです。

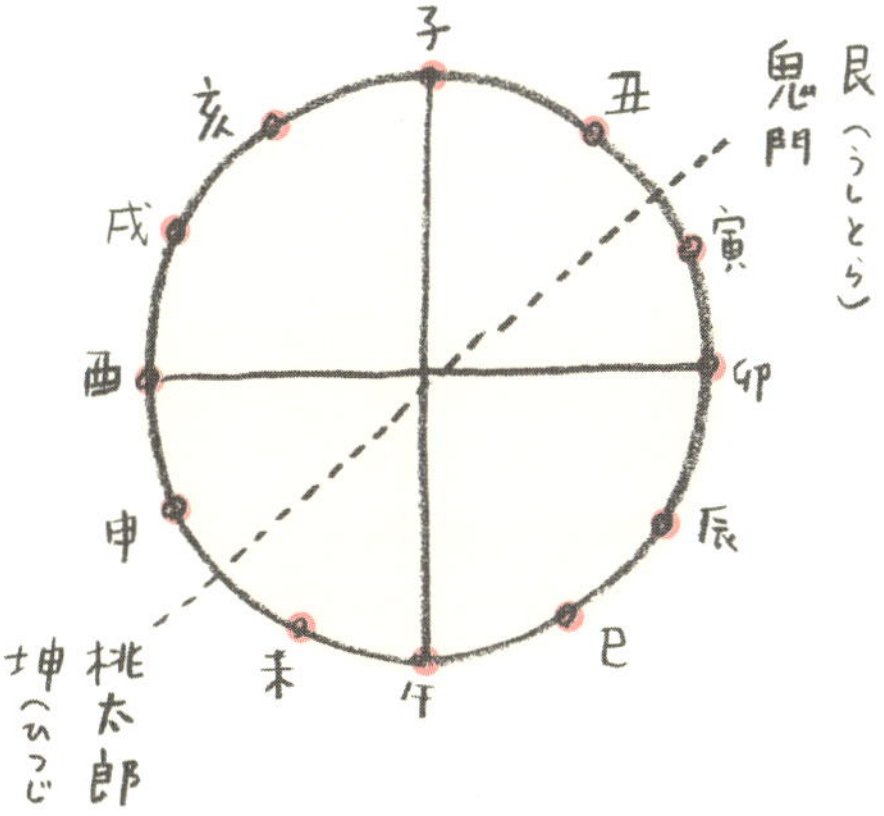

第8図 桃太郎の風水

この童話も、祖先から受け継いだ「風水の知恵」なのです。陽をもって陰に勝てば、すなわち、陰でなく陽でいけば、人は幸せになれるということを、童話を通じて先人は教えてきたのです。これこそ「風水の極意中の極意」なのです。そして「**日本一**」という旗。自分が住んでいる所が日本一いい所だ、ということを示しているのです。

そうです！　静岡県は日本一の地域、そして私は日本一の幸せ者！　こう思いましょう。確かに、静岡県の女性は日本一いい女です。「間違いなく、これは思想的真実です」と断言できます。静岡は美人が多く、優しいですよね。本当に静岡に住んでよかった！　うれぴー！

SPOT

ここで、「風水のいい社寺」を紹介しましょう。ここにお参りするだけでも運気が高まる、そういう社寺を選びました。すべて「風水のいい気」を受けられる所です。

そこに行くだけでも、心が洗われます。心が洗われる所はいわゆる「聖地」で、風水でいう「まほろばの里」です。英語でユートピア、インドネシア語でスルガ、中国語で桃源郷と言います。

この風水の「聖地」を訪ねてみてください。何か感じるものがきっとあります。

SPOT

来宮神社《きのみやじんじゃ》

熱海市西山町四三―一
電話 〇五五七―八二―二二四一

境内には、国指定天然記念物で樹齢二千年以上の「大楠」がそびえ立っています。古来この木に神々を招き、祀っていたことから「木宮明神」と呼ばれていました。その後今から約千三百年前、漁師の網に御神像が掛かり、風光明媚で温暖な熱海の地を気に入った神々が合わせ祀られたことから、神が来られた神社として「来宮神社」と改称されました。御神木である大楠は「長寿の神木・成就の神木」と信仰されています。幹の周りを一周すると寿命が一年延び、また、願い事を秘めて回ると叶うと伝えられています。

毎年七月十五・十六日には、神々に麦こがしを供える「こがしまつり」が行われ、県無形文化財の「鹿島踊り」も奉納されます。約六十台の山車神輿が祭りに色を添えます。

- 来願成就
- 身体健康
- 良縁招来
- 商売繁盛
- 酒難除け

葛見神社《くずみじんじゃ》

伊東市馬場町一―一六―四〇
電話　〇五五七―三七―一〇五〇

　伊東駅から南に歩いて二十分、途中の街の雰囲気がいいですね。この地を治めていた伊東氏が崇敬した神社で、平安時代の古書にも記録されています。
　東から朝日を受け、強く吹く西風を伊豆の山々がさえぎり、近くを伊東大川が流れ、風水最高の地。境内の目通り十五メートルの大クスは国の天然記念物。
　この神社の森は県指定の鎮守の森百選に入っています。温暖なこの地域の精神的保養の中心地で、お参りすると何か心が癒やされる気を感じます。運気が開けることを望む人は一度お参りを。

・家内安全
・交通安全
・攘災招福

SPOT

伊那下神社《いなしもじんじゃ》

松崎町松崎三一
電話　〇五五八―四二―二二六八

国道一三六号からなまこ壁通りに出て松崎町役場に向かうと、この神社があります。新羅の人がこの地を訪れ住吉三柱大神をまつり、「唐大明神」と称したのが始まりとされ、静岡県天然記念物の「大イチョウ」が目に付きます。

このあたりは、万葉集にも出てきます。境内から湧く清水は神明水と呼ばれ、長寿の水です。夕日もきれいで、その夕日の向こうにある極楽浄土を拝み、極楽往生を願うところです。

この神社の隣には浄泉寺があります。経堂にある「輪蔵《りんぞう》」は風水的に大事なもので、六面体でできている「輪蔵」を一回転させると、すべての経を読んだのと同じご利益があるとされています。

・延命長寿
・家内円満
・手足守護

ごぜ観音《かんのん》

沼津市戸田材松三九〇七―一
電話　〇五五―九三四―四七四七（沼津市観光交流課）

正しくは瞽女と書き、目の見えない女性のことです。歌をうたい、三味線などをひいて各地を歩いて門付けなどしていくことを言うのですが、昔その一人が戸田の峠道で日暮れてしまい、大雪に見舞われてこの地で亡くなったため、それを哀れんだ地域の人々が供養のために石の観音様を建てたというのです。

伊豆西海岸を走る県道一八号が戸田から修善寺方面に入る一キロ手前にあります。ここは展望が利くところで、素晴らしい景色が見られます。西に沈む夕日が「陰」を象徴し、この世（陽）でない極楽浄土（陰）を見られると考えられているからです。古くから、これを拝むと芸事が上達するとされています。

・習い事上達

SPOT

三嶋大社《みしまたいしゃ》

三島市大宮町二ー一ー五
電話　〇五五ー九七五ー〇一七二

伊豆の国の一宮です。鎌倉幕府を開いた源頼朝が、ここにお参りして大願をかなえました。富士の溶岩流がここまで達し、富士の湧き水がいまも湧出しています。富士の水は生命の根源であり、人々にエネルギーをもたらします。

三嶋大社の暦師であった河合家は、代々「三嶋暦」を発行していました。三嶋暦は、現存では日本最古の、かな文字で印刷された暦です。簡便で分かりやすく、大量に印刷されたため、それまでの暦よりも格段に広まったと言われています。鎌倉幕府が三嶋暦を使っていたという説もあります。江戸時代には地方暦として普及していました。

鳥居をくぐると両側に置かれる形の水と緑（山を表す）が、風水の基本通りの配置です。参拝は正面からしましょう。

・家内安全
・商売繁盛
・厄除
・交通安全
・学業成就

毘沙門天《びしゃもんてん》　妙法寺《みょうほうじ》

富士市今井二丁目七番一号
電話　〇五四五―三二―〇二一四（代表）

旧暦一月七・八・九日のダルマ市は日本三大ダルマ市の一つ。毘沙門天は多聞天としても知られる四天王中最強の神で、武運を開きます。

ここも風水的には最高で、北に富士、東に箱根連山、西は庵原山地、すぐ西の田子の浦港には万葉集に出てくる潤井川が注いでいます。そして鬼門方向には愛鷹山があり、南は駿河湾、そばを東海道が通っています。

この寺は「香久山《こうきゅうざん》」という山号を持っています。香久山という山号は、まさしく香具山《かぐやま》という砂山に建てられた寺院だからなのです。この香具山という呼び名は、現在の富士市東部の沼地を一望に見下ろすことのできた砂山の景観が、奈良の「天の香具山」に似ていたため付けたと記録にあります。

・必勝
・大願成就
・商売繁昌

SPOT

富知六所浅間神社《ふじろくしょせんげんじんじゃ》

富士市浅間本町五―一
電話　〇五四五―五二―一二七〇

ここも名前の通り富士山ゆかりの神社です。木花開耶姫　命《このはなさくやひめのみこと》の父神、大山祇 命《おおやまづみのみこと》を主祭神としています。富士市役所の北側にあるこの神社は、中世のころ市が立ち、今も通称「三日市のせんげんさん」で通る活気あふれるお宮さんです。

真北に霊峰富士、東に愛鷹と箱根の山々、西に庵原山地、さらには富士川が流れ、南を東海道が通り駿河湾に面している、まさに「風水の教科書」通りの配置。

商工業の発展、家内安全、縁結びの神様ですが、ここで挙式する夫婦には離婚が少なく、円満なカップルが多いと言われています。ここから見る富士山は偉大です。この南に有名な「田子の浦」があります。

- 家内安全
- 安産・長寿
- 良縁・福徳
- 商工守護

富《ふ》士《じ》山《さん》本《ほん》宮《ぐう》浅《せん》間《げん》大《たい》社《しゃ》

富士宮市宮町一－一
電話　〇五四四－二七－二〇〇二

日本中に千三百余社を数える浅間神社の総本社で、富士山信仰の中心地です。富士山は北は福島県、西は奈良県からも見えるそうです。「日本の霊気」を集めた山、富士山をご神体とし、山頂には奥宮があります。境内の湧玉池からは富士山の水が豊かに湧出しています。

祭神は木花之佐久夜毘売命。命を産み育てる女性の特質をもっている神様です。ですから家庭円満・安産・子安・水徳の神とされ、火難消除・航海や農漁業など諸産業の守護神です。徳川家康も厚く崇敬しました。

風水的に言うと、富士山を仰ぎ見れば運気上昇は間違いありません。人生を好転させたい人は毎日富士山を眺めてください。静岡県は「富士を見る街」でなく「富士を仰ぐ街」、その象徴がこの神社です。

- 安産
- 火難消除
- 子安
- 家内安全
- 諸産業安全

鉄舟禅寺《てつしゅうぜんじ》

静岡市清水区村松二一八八
電話　〇五四―三三四―一二〇三

清水区にあるこの寺は仏教理論でもっとも極楽に近い所の一つです。もとは久能山山頂にあった寺が、武田信玄の侵攻に遭ってこの地に移転しました。

いま熊野古道が注目されています。熊野は生命再生の地であり、観音信仰の聖地です。熊野の東の海上はるか向こうに観音様のおられる浄土「フダラ」があると考えます。それが静岡では久能山に当たります。いまも久能山東照宮から見る日の出は霊験あらたかとされます。

明治時代になり、山岡鉄舟にちなんで「鉄舟禅寺」と命名されましたが、山号は「補陀落山」と言い、観音信仰を伝えています。だからこの寺は観音様のおられる極楽浄土への入り口です。古来、人々は死後の運勢好転を願ってこの地に参りました。

- 家内安全
- 商売繁盛
- 無病息災
- 交通安全
- 学業成就

久能山東照宮《くのうざんとうしょうぐう》

静岡市駿河区根古屋三九〇
電話　〇五四―二三七―二四三八

久能山は熊野信仰の静岡版だと鉄舟禅寺の項で説明しました。ここから見る朝日は東方の「常世の国」「観音浄土」を見ることと同じです。徳川家康も「再生」を念じてここに自らを祀りました。霊魂は日光に、肉体はここに眠っています。

日光は、もともと「二荒山」としていた音読みを「日光」に変えたと言われています。二荒山は読みようによれば「ふたらさん」。これは鉄舟禅寺のふたらさんと同じです。

久能山東照宮から富士山を経由して、日光東照宮は一直線上にあります。また御前崎と石廊崎、そして久能山は、それぞれ十二里(四十八キロ)の正三角形で結ばれています。こういう配置は「生命再生」の魔方陣で天海和尚の仕掛けと言われています。

・開運厄除
・家内安全
・商売繁盛
・学業成就
・健康長寿

静岡浅間神社《しずおかせんげんじんじゃ》

静岡市葵区宮ケ崎町一〇二―一
電話 〇五四―二四五―一八二〇

神部《かんべ》・浅間《あさま》・大歳御祖《おおとしみおや》神社の三本社と四境内社から成っています。古代から農海産物に恵まれ、重要産物の機織物で経済も豊かだったこの地は、国府が置かれましたが、度々安倍川の氾濫に悩まされました。そこで、洪水でも浸からない所、神聖な賤機山に祀られたのです。

各時代を通じて人々が崇敬し、守ってきた神社で、平安中期の『延喜式神名帳』に記され、当時すでに都でも知られていました。今川氏も手厚く信仰し、観阿弥を呼んで能を奉納させました。今川時代の駿河は、小京都とも言える文化が花開き、都からの公家もいました。徳川時代には社殿の大造営がなされ、現在の壮麗な姿となりました。

祭神、木之花咲耶姫命は女性の守り神。桜が美しい四月の廿日会祭は、ぜひ行きたいですね。

- 安産・子宝
- 縁結び
- 家内安全
- 商売繁盛
- 除災招福

静岡天満宮《しずおかてんまんぐう》

静岡市葵区呉服町一－一
電話　〇五四－二五一－三七五九

もともとここは安倍川の中洲で、川中天神と言われていたと伝えられています。
　農耕民族である日本人は、自然の神「天神地祇」を信仰していますが、平安時代に無実の罪で九州太宰府に流された菅原道真（神号・天満大自在天神）とが重なって、天神社は菅原道真を祀るようになりました。
　道真の二男景行はこの事件のとき、駿河の地方役人に降格され、駿河の国府に流されました。国府があったのが今の天満宮一帯です。
　天満宮は全国に多数ありますが、菅原家と直接のつながりがあるという点で静岡天満宮は格別の天満宮なのです。天神様にあやかって、受験期になると参拝者が引きもきりません。

・試験合格

香集寺《こうしゅうじ》（虚空蔵尊《こくうぞうそん》）

焼津市浜当目三―一四―七
電話　〇五四―六二八―三五六一

ここは穴場かもしれません。焼津グランドホテルの隣にあり、虚空蔵菩薩をお祀りしているお寺です。浜当目の虚空蔵さんは聖徳太子の作と言われ、京都嵐山、伊勢朝熊と並ぶ日本三大虚空蔵尊の一つです。二月二十三日には家内安全を願うダルマ市でにぎわいます。

　虚空蔵は太古の昔から航海する者にとっての守り神で、海上から航海安全と大漁を祈願するのです。このお寺の下にある那閉神社が神道の航海安全祈願をつかさどります。山頂には船舶無線電信発祥の碑があります。ここから見る焼津市や港は絶景です。

- 家内安全
- 身体健全
- 交通安全
- 商売繁盛
- 進学成就

焼津神社《やいづじんじゃ》

焼津市焼津二―七―二
電話　〇五四―六二八―二四四四

日本武尊《やまとたけるのみこと》が東征の途中で野火にまかれ、天叢雲《あめのむらくも》の剣で草を払い、向火を放って敵を倒したという事跡を伝える神社です。

風水的に見るとここも最高の地点です。北に高草山、東に開けた海と当目山、西に志太平野、瀬戸川が流れ(昔は大井川)、鬼門に富士山があります。そして以前は神社のすぐそばまで海が来ていたはずで、こういう所は物成りが良く豊かな土地です。「焼き津」ですから地中から天然ガスが自噴し、その自然発火が焼津になったと思われます。地中からのエネルギーを受けて、八月の例大祭は東海一の荒祭りとして有名です。お参りして元気をもらいましょう。

- 家内安全
- 生業繁栄
- 海上安全
- 大願成就
- 厄除

能満寺《のうまんじ》

吉田町片岡二五一七－一
電話　〇五四八－三二－一五五五

ソテツで有名なこのお寺は、東名吉田インターの近くにあります。鎌倉時代に建てられたと言われ、落ち着いた雰囲気があります。ここから西の小山城に行く途中に、虚空蔵菩薩をお祀りするお堂があり、「知恵の仏様」として地域の人々の信仰を受けています。

　ソテツはすでに江戸時代の大名のために江戸時代の絵図にも出ており、樹齢千年の天然記念物。陰陽師の安倍晴明が中国から持ち帰ったとか、大井川の上流から流れてきた大蛇の死骸を埋めてその上に植えたものだから、大蛇の形になったなどの伝説があります。徳川家康の所望で駿府城に植え替えたところ、「寺へ帰りたい」とさめざめと泣くために元に戻したという話も伝わり、風水研究者にとっても興味が尽きません。

・知恵の仏様
・福徳円満

祥《しょう》雲山《うんざん》　慶寿寺《けいじゅじ》

島田市大草七六七
電話　〇五四七－三五－一七三九

島田の山間部に素晴らしいお寺があります。「ばらの丘公園」から県道伊久美元島田線を歩いて四十分の山の中にあります。

南北朝時代に今川範氏が駿河を平定し、大津城を築いたときに今川氏の菩提寺として建てたもので、裏手に樹齢六百年のシダレザクラがあります。範氏が父親の範国の遺徳をしのんで植えたとされ、これを見るだけでも「しあわせだ」と思える美しさです。普通のソメイヨシノより一週間早く咲くという不思議なサクラです。

美しいものに触れて感激するのも風水です。かつては山城があった所ですから風水地理的に見ても申し分のない地です。

毎年二月二十日には星祭り、護摩祈祷の法要が行われます。

・家内安全
・子供虫封じ
・学業成就
・交通安全

応声教院《おうしょうきょういん》

菊川市中内田九一五
電話　〇五三七―三五―二六三三

菊川駅から南に四キロ、弥勒菩薩に出会うために桜ヶ池で龍に化身したとされる皇円阿闍梨《こうえんあじゃり》の伝説が残るお寺です。

　他力（仏様）の力で救われるという浄土宗を開いた法然上人が、恩師皇円をしのび、桜ヶ池を訪れたのちに立ち寄り、歯吹如来像を安置したと伝えられています。阿闍梨の形見とされる龍のうろこや縁起書、阿弥陀如来座像などが残っています。

　境内には水子地蔵菩薩所やのんべえ地蔵堂などが建てられているほか、朱塗りの山門があります。この山門は徳川二代将軍秀忠が生母の追善供養のため静岡の宝台院に建てたものを大正時代に移築しました。この寺の自然景観は母親の子宮を表し、風水的にいいのです。平成十九年十二月に、十二支守本尊祈願塔が建てられました。

・身体健康
・交通安全
・厄難消除
・商売繁昌
・諸願成就

三熊野神社《みくまのじんじゃ》

掛川市西大渕五六三一ー一
電話　〇五三七ー四八ー二七三九

飛鳥時代の文武天皇皇后は、無事に男の子が生まれたらお宮を建てると祈願しました。生まれたのは男子（後の聖武天皇）で、誓い通り、熊野三社をお祀りしました。熊野本宮、熊野那智、熊野速玉（新宮）です。その熊野本宮が、三熊野神社です。

建武時代には新田義貞が戦勝祈願で参拝し、楠正成の鈴を奉納したとされています。歴代の横須賀城主も厚く信仰しました。

毎年四月の第一土曜・日曜に行われる大祭では、「神子《みこ》抱き神事」が行われます。子授けの祭りとして有名で、神子人形を抱いて三熊野神社から横須賀の町を回ります。祭りは、江戸の天下祭の古い形を残しており、高さ約六メートルの「ねり」（山車）が引き回されます。

- 災難除
- 子授け
- 安産
- 縁結び

油山寺《ゆさんじ》

袋井市村松一
電話　〇五三八—四二—三六三三

いわゆる遠州三山の一つ、真言宗の名刹です。「るりの滝」の水が有名で、奈良時代に孝謙天皇が眼病になった時、本尊薬師如来を祈願し、滝水を加持祈祷し、その霊水で目を洗ったところ全快したとされています。目と心の疾患に効能があると言われています。「目」は、目と、心の目であるのです。

ここはまた「軍善坊」という天狗様をお祀りしており、足腰には霊験あらたか。腰痛の人が多く参っているようです。

緑の豊かな境内が農業用水確保に重要な役割を果たしています。風水の観点から見ると、古代からの知恵が自然保護につながっているという好例です。

・眼病平癒
・足腰健康

西楽寺《さいらくじ》

袋井市春岡三八四
電話　〇五三八―四八―六七五四

　可睡斎の北三キロ、県道五八号沿いにあるこのお寺は、母親の子宮の中のへその緒に当たる所にある、風水地理の教科書にしたいような真言宗のお寺です。奈良時代に行基菩薩が開いたと言われています。

　風水で最高の自然環境は「母親の子宮の中」か「人が両手を広げた中」とされます。子供がもっとも落ち着くからです。西楽寺はそういう見事な配置を持つだけでなく、屋根が水（生命）を生む木の気であるコケラぶきなのです。

　そういう理由からか、今川義元、豊臣秀吉、徳川家康などの武将から手厚く保護されてきました。ご本尊は定朝様式の阿弥陀如来でよいお顔をされています。

・恋愛成就
・健康長寿

小國神社《おくにじんじゃ》

森町一宮三九五六－一
電話　〇五三八－八九－七三〇二

遠江国の中心地だった所にあります。風水から見ると後ろに山、前に水、横に川があり道路が通り、水源の森と山がある「国の中心」となる配置です。

千五百年近い歴史を持つ、大《おお》己貴《なむちの》命《みこと》を祭神にいただく名社です。大己貴命は大国主《おおくにぬしの》命《みこと》のことで、大国様として親しまれています。大は偉大な、の意味。「なむち」は吾と汝、すなわち「みんな」の意味です。偉大なる皆の神という意味となります。古事記に大国主命の子孫が遠江国に行ったということが出てきます。おそらく遠州で最初の開拓者だったのでしょう。大国主命はやがて大黒天と同義となり、商売繁盛の神様になりました。福徳円満の神でもあります。

- 家内安全
- 商売繁盛
- 開運厄除
- 良縁成就

矢奈比賣《やなひめ》神社《じんじゃ》（見付天神《みつけてんじん》）

磐田市見付一一一四―二
電話　〇五三八―三二―五二九八

見付の天神さんと呼ばれています。天神様ですから学問の神様です。もう一つ有名なのは裸まつりで、天下の奇祭です。

平安時代の書物にも記録があるほど古い神社で、天神様をお祀りしてからでも千年以上たっています。遠江国の首府であり交通の要所でもあったので、怪物退治のため風のように疾走した霊犬・しっぺい太郎の伝説も残っています。

学業成就・健康守護・五穀豊穣・交通安全のご利益があります。安全祈願のため車をお祓いしてもらうとよいでしょう。

ここは磐田原という高台が海に突き出した地にあり、西に天竜川を望む風水の最高地。知的向上心の高まる所と言えましょう。

- 受験合格
- 学業成就
- 厄除
- 健康守護
- 交通安全

縣居神社《あがたいじんじゃ》

浜松市中区東伊場一—二二—一
電話　〇五三—四五三—三四〇一

遠州は国学の聖地です。浜松市が国学を生んだ賀茂真淵生誕の地だからです。この真淵を祀るのが縣居神社で、隣には浜松市立の賀茂真淵記念館もあります。万葉集や古代精神の研究のほか、本居宣長などの有意の人材を数多く育てています。「縣居」とは真淵の号です。

この神社は学問の神様で「学業成就」のご利益があるとされ、お守りはこれだけ。受験生がよくお参りに来ます。

もう一つこの神社で注目したいのは、丸い鈴・土鈴です。「宇宙の万物はすべて丸い」と真淵は考えました。科学的でないように思えますが、風水の説く「思想的真実」と同じ考えです。人間関係も丸くいきたいですね。

・学業成就

鴨《かも》江《え》寺《じ》

浜松市中区鴨江四―一七―一
電話　〇五三―四五四―五一一二

東京浅草の浅草寺に相当するのが、浜松市の鴨江観音です。遠州の人は春・秋のお彼岸にここにお参りし、観音様を拝みました。ここは庶民の信仰と娯楽の殿堂でした。

　伽藍の配置は大阪の四天王寺と同じです。四天王寺は西に沈む太陽を拝むところです。風水では太陽の昇る向こうに「常世の国（不老不死の楽園）」があると考え、沈む太陽の向こうに「あの世」があるとします。常世とあの世は地下でつながっているのです。あの世は人間からは見えませんが、あの世の人も沈む太陽を見ている、だから鴨江観音の西側は坂で高くなっており、その坂の向こうに沈む太陽を望み死んだ人の供養を行うわけです。

　寺は「向こうの人」に会える場所なのです。

- 交通安全
- 開運厄除
- 水子供養

秋《あき》葉《は》山《さん》本《ほん》宮《ぐう》秋《あき》葉《は》神《じん》社《じゃ》

浜松市天竜区春野町領家八四一
電話　〇五三—九八五—〇一一一

全国の秋葉信仰の中心地です。火伏せの神・火之迦具土大神《ひのかぐつちのおおかみ》を祀り、火よけのご利益があります。東京の秋葉原も本来は「アキハバラ」というこの分社が祀られていたことに由来します。山頂まで車で行けますが、ここから見る下界の景色は素晴らしく気分爽快になります。

毎年十二月十五、十六日に行われる「火祭り」は、順調な太陽の運行と水の供給を祈るもので、いわば豊作祈願です。さらにこの両日は、本来「冬至」の祭りだったもので、弱った太陽の魂を奮い起こす意味でした。

なおここでは、風水の極意である、恵比寿、大黒のお札をいただけます。

- 火災消除
- 家内安全
- 新築・増改築祈祷
- 交通安全
- 厄除祈祷

高木桂蔵（たかぎ・けいぞう）

昭和16年生まれ。早大政経学部・香港中文大大学院終了後、香港・台湾・日本の大学の講師・客員教授。東京プレスセンター編集長を経て静岡県立大学国際関係学部および同大学院教授。留学時代、道教寺院に下宿して風水と易学を習う。『客家』で日本文芸大賞受賞。現在、静岡県立大学名誉教授、国際ことば学院外国語専門学校校長。

【写真提供】

秋葉山本宮秋葉神社／小國神社／来宮神社／久能山東照宮／富知六所浅間神社／三嶋大社

【カバー・イラスト】

sky beans **森奈緒子**

静岡女性のための風水

＊

平成20年 3 月14日　初版発行

著者／高木　桂蔵

発行者／松井　純

発行所／静岡新聞社

〒422-8033　静岡市駿河区登呂3-1-1

電話：054-284-1666

印刷・製本／図書印刷

ISBN978-4-7838-2221-9 C0039